ନୋବେଲ ବିଜେତା ଅକ୍ତାଭିଓ ପାଜ୍‌ଙ୍କ ନିର୍ବାଚିତ କବିତା

ନୋବେଲ ବିଜେତା ଅକ୍ତାଭିଓ ପାଜ୍‌ଙ୍କ
ନିର୍ବାଚିତ କବିତା

ଅନୁବାଦ

ଉମା ଶଙ୍କର ପଣ୍ଡା

ବ୍ଲାକ୍ ଇଗଲ୍ ବୁକ୍ସ

ଭୁବନେଶ୍ୱର, ଓଡ଼ିଶା

BLACK EAGLE BOOKS

Dublin, USA

ନୋବେଲ ବିଜେତା ଅକ୍ତାଭିଓ ପାଜ୍ଙ୍କ ନିର୍ବାଚିତ କବିତା

ଅନୁବାଦ: ଉମା ଶଙ୍କର ପଣ୍ଡା

ବ୍ଲାକ୍ ଇଗଲ୍ ବୁକ୍ସ : ଭୁବନେଶ୍ୱର, ଓଡ଼ିଶା • ଡବ୍ଲିନ୍, ଯୁକ୍ତରାଷ୍ଟ୍ର ଆମେରିକା

BLACK EAGLE BOOKS

USA address:
7464 Wisdom Lane
Dublin, OH 43016

India address:
E/312, Trident Galaxy, Kalinga Nagar,
Bhubaneswar-751003, Odisha, India

E-mail: info@blackeaglebooks.org
Website: www.blackeaglebooks.org

First edition published in 2013

First International Edition Published by
BLACK EAGLE BOOKS, 2024

SELECTED POEMS OF NOBEL LAUREATE OCTAVIO PAZ
Translated by **Uma Shankar Panda**

Translation Copyright © **Sasanka Sekhar Panda**

All rights reserved. No part of this publication may be reproduced, stored in a retrieval system, or transmitted, in any form or by any means, electronic, mechanical, photocopying, recording or otherwise without the prior permission of the publisher.

Cover & Interior Design: Ezy's Publication

ISBN- 978-1-64560-240-8 (Paperback)

Printed in the United States of America

ଉତ୍ସର୍ଗ

ବିଶିଷ୍ଟ ସ୍ୱାଧୀନତା ସଂଗ୍ରାମୀ
ଗାନ୍ଧିବାଦୀ-ଦାର୍ଶନିକ, ଶିକ୍ଷାବିତ୍
ସମାଜ ବିଜ୍ଞାନୀ, ସାହିତ୍ୟିକ,
ପୁରୁଷୋତ୍ତମ-ଚିତ୍ତରଞ୍ଜନ ଦାସଙ୍କ
ଅମ୍ଳାନ ସ୍ମୃତିରେ ।।

ଉମାଶଙ୍କର ପଣ୍ଡା

ସୂଚିପତ୍ର

ଝରକା ୦୯
କବି ପ୍ରାଣର ଗବାକ୍ଷରେ ଭାରତର ପ୍ରାଚୀନ ରୌଦ୍ରର ଗନ୍ଧ ୧୧
ଅକ୍‌ଟାଭିଓ ପାଜ୍: ନିର୍ଜନତାର ଗୋଲକଧନ୍ଦାରେ ସୂର୍ଯ୍ୟଶିଳା ୨୪
କବିତା
ଅଳିନ୍ଦ ୨୯
ଭୋର୍ ୩୫
କବିର କର୍ମ ୩୬
ଆଖିର ପଲକେ ଦେଖା ୩୭
ବୋଧିଦ୍ରୁମ ୩୮
ବନ୍ଧୁତ୍ୱ ୪୦
ଦିନ ୪୧
ଗାଆଁ ୪୨
କୋଚିନ୍ ୪୩
ପ୍ରେମର ଗୀତିକବିତା ୪୫
ଅନ୍ୟ ଜଣକୁ ୪୬
ଉଷା ୪୭
ଜଳର ଚାବି ୪୮
ନିଃସନ୍ଦେହରେ ୪୯
ବିସ୍ମୟ ୫୦
ଶୂନ୍ୟତା ୫୧
ହୁମାୟୁନର ସମାଧିରେ ୫୨
କବିର କର୍ମ(୩) ୫୩
ମଧୁର ମିଳନ ୫୪
ଛାୟାମୂର୍ତ୍ତି ୫୫
ପ୍ରଭାତ ସଂଗୀତ ୫୬
ସନ୍ଧ୍ୟା ସଂଗୀତ ୫୭
ଭୂଚିତ୍ର ୫୮
ଗାଲ୍‌ତାର ଯାତ୍ରାପଥେ ୫୯

ଦୈବବାଣୀ	୬୦
ସ୍ୱର୍ଣ୍ଣ	୬୧
ଜଳର ରହସ୍ୟ	୬୨
ଲୋଦି ଗାର୍ଡେନ୍‌ରେ	୬୩
ଯୌବନ	୬୪
ଶ୍ୱେତ ଓ କୃଷ୍ଣଶିଳା	୬୫
ଦୂରର ପ୍ରତିବେଶୀ	୬୬
ମଥୁରା	୬୭
ଏଠାରେ	୬୮
ସୁନେଲି ପଦ୍ମସବୁ	୬୯
ସୁଖ ଦେଖିବାକୁ	୭୧
ପ୍ରତିଦିନର ନିଆଁ	୭୫
କବିର ସମାଧି	୭୭
ଉତ୍କାମଣ୍ଠ	୮୦
ପହେଲା ଜାନୁୟାରୀ	୮୩
ପବିତ୍ର ଡିମିରି ଗଛ	୮୫
ବ୍ୟାପଟିଜିମ୍‌ର ଫଳ	୮୮
ଟାଉବ୍ରୀକ୍ ଷ୍ଟ୍ରିଟ୍	୮୯
ହୃଦୟରେ ସୁଖାନୁଭୂତି	୯୩
ଧ୍ୱଂସ ମଧ୍ୟରେ ସ୍ତୋତ୍ର	୯୬
ନଦୀ	୧୦୦
କବିର କର୍ମ : ୧୩	୧୦୭
ଏଇ ସବୁ ଶବ୍ଦର ମଧ୍ୟବିନ୍ଦୁରେ	୧୦୯
ଭଗ୍ନ ଜଳପାତ୍ର	୧୧୪
ଅଶ୍ମୀଭୂତଶିଳା ପଥରେ ରୂପାନ୍ତରିତ	୧୨୨
ପ୍ରତ୍ୟାବର୍ତ୍ତନ	୧୨୯
ଦୁଇଟି ଉଦ୍ୟାନର ଉପକଥା ।	୧୩୬

ଝରକା

ଚିନ୍ତାବିଦ୍ ଓ କବି ଅକ୍‌ତାଭିଓ ପାଜ୍ ମେକ୍‌ସିକୋ ସହରରେ ୧୯୧୪ ମାର୍ଚ୍ଚ ୩୧ ତାରିଖ ଦିନ ଜନ୍ମଗ୍ରହଣ କରିଥିଲେ। ସେ ପ୍ରାୟ ଶୈଶବ କାଳରୁ ସାହିତ୍ୟ ଓ କବିତା ପ୍ରତି ଆକୃଷ୍ଟ ହୋଇଥିଲେ। ୧୯୩୩ ସାଲରେ ମାତ୍ର ୧୯ବର୍ଷ ବୟସରେ ତାଙ୍କର ପ୍ରଥମ କବିତା ପୁସ୍ତକ 'ଫରେଷ୍ଟ୍ ମୁନ୍' ପ୍ରକାଶ ପାଇଥିଲା। ୧୭ବର୍ଷ ବୟସରେ ୧୯୩୧ ସାଲରେ ସେ ଏକ ସମୀକ୍ଷା ପତ୍ରିକା 'ବାନିଷ୍ଟର୍' ସଂପାଦନା କରିଥିଲେ। କବି, ଲେଖକ ଓ ବୁଦ୍ଧିଜୀବୀମାନଙ୍କୁ ରାଷ୍ଟ୍ରଦୂତ କିମ୍ବା ଏହିପରି କିଛି ରାଜକୀୟ ପଦରେ ସମ୍ମାନିତ କରିବା ଲାଟିନ ଆମେରିକାର ଏକ ସାଂସ୍କୃତିକ ବୈଶିଷ୍ଟ୍ୟ। ଏହି ପରମ୍ପରା ଅନୁସାରେ ୧୯୫୧ ସାଲରେ ସେ ମେକ୍‌ସିକୋ ରାଷ୍ଟ୍ରଦୂତଙ୍କ ଦ୍ୱିତୀୟ ସଚିବ ରୂପେ ଭାରତକୁ ଆସିଥିଲେ। ତା'ପରେ ୧୯୬୨ରୁ ୧୯୬୮ ପର୍ଯ୍ୟନ୍ତ ମେକ୍‌ସିକୋର ରାଷ୍ଟ୍ରଦୂତ ରୂପେ ଭାରତରେ ଅବସ୍ଥାପିତ ହୋଇଥିଲେ। ଭାରତକୁ ଅନ୍ତର ଦେଇ ବୁଝିବା ଲାଗି ସେ ଏହି ଦେଶର ଅନେକ ସ୍ଥାନ ଭ୍ରମଣ କରିଛନ୍ତି। ଯେଉଁ ସବୁ ସ୍ଥାନକୁ ପର୍ଯ୍ୟଟକମାନେ ସାଧାରଣତଃ ଯାଆନ୍ତି ନାହିଁ ଏବଂ ଭାରତୀୟମାନେ ଯେଉଁବାଟ କେବେ ମାଡ଼ନ୍ତି ନାହିଁ, ସେଇସବୁ ଦୁର୍ଗମ ଅଂଚଳକୁ ଥିଲା ତାଙ୍କର ଯାତ୍ରା। ଜୟପୁର ନିକଟସ୍ଥ ଧୂଳି ଧୂସରିତ ତୀର୍ଥସ୍ଥାନ ଗାଲ୍‌ଟାର ରାସ୍ତା କଡ଼ରେ ହନୁମାନ ମୂର୍ତ୍ତି ଦେଖି ସେ ଯେଉଁ ଗ୍ରନ୍ଥଟି ଲେଖିଥିଲେ, ତା'ର ନାଆଁ ଦେଇଛନ୍ତି "ବ୍ୟାକରଣବିଦ୍ ହନୁମାନ" (EI Mono Gramatico)

ସେ ଭାରତର ଇତିହାସ ଓ ଦର୍ଶନ ଉପରେ ଗଭୀର ଅଧ୍ୟୟନ କରିଥିଲେ। ପାଜ୍‌ଙ୍କ ଜୀବନ ଓ କବିତା ଉପରେ ବର୍ଷାର ପ୍ରଭାବ ଅତି ଗଭୀର। ଭାରତରେ ରଚିତ ତାଙ୍କର କବିତାଗୁଡ଼ିକ ହେଲା 'ପୂର୍ବ ଦିଗକୁ ଜଳ' (Ladera Este), 'ବୃନ୍ଦାବନ', 'ମଦୁରାଇ' 'ଉଦୟପୁରରେ ଦିନେ', 'କୋଚିନ', 'କନ୍ୟାକୁମାରୀ ପାଖେ', 'ଏଲିଫେଣ୍ଟାର ଗୁହାରେ ରବିବାର', 'ଲୋଦି ଗାର୍ଡନସ୍', 'ମହୀଶୂର ପଥେ', 'ହୁମାୟୁନର ସମାଧି' ଇତ୍ୟାଦି।

ଭାରତ ସଂପର୍କରେ ତାଙ୍କର ପ୍ରସିଦ୍ଧ ପୁସ୍ତକ 'In Light of India' ରେ ତାଙ୍କର ଧାରଣା ବ୍ୟକ୍ତ କରି ସେ କହିଛନ୍ତି ଯେ ଭାରତ ବ୍ୟାପକ ରାଷ୍ଟ୍ରୀୟ ଚେତନାରୁ ଓହରିଯାଇ ପ୍ରଜାତିଗତ ଚେତନା, ଜାତି-ଗୋତ୍ର-ଚେତନାର ସଂକୀର୍ଣ୍ଣ ଗଣ୍ଡି ମଧ୍ୟରେ ଘୁରି ବୁଲୁଛି। ଭାରତବର୍ଷ ହଜିଲା ଅବସରର ଏକ ଦେଶ ବୋଲି ସେ ମତବ୍ୟକ୍ତ କରିଛନ୍ତି। 'ନନ୍-ମଡର୍ଣ୍ଣ' ଅଥବା ନନ-ୟୁଟିଲିଟେରିୟନ ମଧ୍ୟରେ ଭାରତର ସାଂସ୍କୃତିକ ବୈଶିଷ୍ଟ୍ୟ ଲୁଚି ରହିଛି ବୋଲି ସେ କହିଛନ୍ତି। ୧୯୯୦ ସାଲରେ ତାଙ୍କୁ ସାହିତ୍ୟ ପାଇଁ ନୋବେଲ ପୁରସ୍କାରରେ ସମ୍ମାନିତ କରାଯାଇଥିଲା। ୧୯୯୮ ଅପ୍ରେଲ ୨୦ ତାରିଖରେ ସେ ଶେଷ ନିଶ୍ୱାସ ତ୍ୟାଗ କରିଥିଲେ। ପାଜ୍‌ଙ୍କ ମୃତ୍ୟୁ ସମ୍ବାଦ ଶୁଣି ମେକ୍‌ସିକୋର ରାଷ୍ଟ୍ର ପ୍ରଧାନ ଏର୍ନେଷ୍ଟୋ ଜେଦିଲ୍ଲୋ ବ୍ୟଥିତ ହୋଇ ମନ୍ତବ୍ୟ ଦେଇଥିଲେ, ' ମେକ୍ସିକୋ ତା'ର ସର୍ବଶ୍ରେଷ୍ଠ ଚିନ୍ତାବିଦ୍ ଓ କବିଙ୍କୁ ହରାଇଛି। କେବଳ ଲାଟିନ ଆମେରିକା ନୁହେଁ, ସମଗ୍ର ବିଶ୍ୱକୁ ଏଇ ବିରାଟ କ୍ଷତି ବହନ କରିବାକୁ ପଡ଼ିବ।'

ବିଦେଶୀ ହେଲେ ହେଁ ଏହି ଦେଶ ପ୍ରତି ଗଭୀର ଶ୍ରଦ୍ଧା ଓ ଆନ୍ତରିକତା ପ୍ରକାଶ କରିଥିବା ଏହି କବି ଓ ଚିନ୍ତାବିତ୍‌ଙ୍କ ପାଇଁ ଏ ଅଶ୍ରୁତର୍ପଣ।

ବିଂଶ ଶତାବ୍ଦୀର ପ୍ରଭାତ କାଳରୁ ଆରମ୍ଭ କରି ମଧ୍ୟଦିନ ପର୍ଯ୍ୟନ୍ତ ଭାରତ ପଥିକର କୌଣସି ଅନ୍ତ ନଥିଲା। ସେହି ମୁଗ୍ଧ ମେହେଫିଲରେ ଅନେକ ମନୀଷୀ ହିଁ ଦେଶର ଅନ୍ତରର ସନ୍ଧାନ କରି ଯାଇଛନ୍ତି ବାରମ୍ବାର-ରୋମାରୋଲାଁ, ଏଡ୍‌ୱୟାର୍ଡ଼ ମରଗାନ୍ କ୍ରିଷ୍ଟୋଫର୍ ଇସାର୍‌ଉଡ୍ ପ୍ରଭୃତି ଅନେକ ଦାର୍ଶନିକ, ସାହିତ୍ୟିକ। କିନ୍ତୁ ସ୍ୱାଧୀନ ଭାରତର ପରିବ୍ରାଜକ ଅକ୍ତାଭିଓଙ୍କର ହିନ୍ଦୁ ଆଧ୍ୟାତ୍ମଚିନ୍ତନର ଅନ୍ୱେଷଣ, ବୌଦ୍ଧିକ ସାଧନାର ଉପଲବ୍ଧି, ଅନ୍ୟ ଦିଗରେ ଇତିହାସର ଧୂଳିଲିପ୍ତ, ଖଣ୍ଡିତ ତଥାପି ହିରଣ୍ମୟ ସୂର୍ଯ୍ୟସମ ପ୍ରଚଣ୍ଡ ଦୀପ୍ତିମାନ ଜୀବନ୍ମୟ ଭାରତର ଐତିହ୍ୟକୁ ଲଳିତ କବିତାରେ, ଗଦ୍ୟରେ, ଇତସ୍ତତ ବିକ୍ଷିପ୍ତ ବହୁ ଗୁରୁତ୍ୱପୂର୍ଣ୍ଣ ଭାଷଣରେ କବି ଅକ୍‌ତାଭିଓ ପାଜ୍ ଯେଉଁଭଳି ଭାବରେ ଉପାସନା କରିଛନ୍ତି ତାହା ଅପୂର୍ବ ଓ ଅନିର୍ବାଚନୀୟ। ଭାରତ ଦର୍ଶନରେ ଆତ୍ମମଗ୍ନ ଏହି ଆର୍‌ବେଇନ୍ ଦାର୍ଶନିକ ଓ ନୋବେଲଲବ୍ଧ କବି ହିଁ ପ୍ରଧାନ, ସମ୍ଭବତ ଅଦ୍ୱିତୀୟ। ସ୍ପାନିଶ ସାହିତ୍ୟ ସୃଷ୍ଟିରେ କୂଳିନତମ ଆଧୁନିକମାନଙ୍କର ଏହି ବ୍ୟକ୍ତି ହିଁ ଭାରତ ଇତିହାସର ଆତ୍ମା ନିଯୁକ୍ତ ଦୂତ ହିସାବରେ ଜୀବନର ଦୀର୍ଘ ଚାଳିଶ ବର୍ଷ ବ୍ୟୟ କରିଛନ୍ତି ଏହି ଭୂଖଣ୍ଡରେ। ଧ୍ୟାନମଗ୍ନ ପ୍ରାଚୀନ ବିସ୍ମୃତ ଆକ୍‌ତାଭିଓ ପାଜ୍‌ଙ୍କ ମୂଳ ରଚନାର ରସଗ୍ରାହୀ ସ୍ପାନିଶ୍ ଭାଷାର ଗବେଷିକା ଅଧ୍ୟାପିକା ମାଳବିକା ଭଟ୍ଟାଚାର୍ଯ୍ୟଙ୍କ ମାର୍ମିକ ମୂଖଶାଳାର ଆଇନାରେ ଆଉଥରେ ଦେଖିନେବା କବିଙ୍କୁ।

କବି-ପ୍ରାଣର ଗବାକ୍ଷରେ ଭାରତର ପ୍ରାଚୀନ ରୌଦ୍ରର ଗନ୍ଧ

ଦିଲ୍ଲୀର ତେର ନମ୍ବର ପୃଥ୍ୱୀରାଜ ରୋଡ଼ରେ ସେଇ ନିମଗଛ ଏବେ ବି ଅଛି। ସେଇ ବଗିଚା ବି ଅଛି; ଅଛି ସେଇ ଘରଟି ବି। କିନ୍ତୁ ସୁଦୂର ମେକ୍‌ସିକୋର ଏକ କବି, ଯାହାଙ୍କ ସେଇ ଜୀବନର ବହୁ ମଧୁର ସ୍ମୃତି ଜଡ଼ିତ ଥିଲା ଏହି ଠିକଣା ସଙ୍ଗରେ, ସେଇ ଅକ୍ତାଭିଓ ପାଜ୍ ଆଉ ନାହାନ୍ତି।

ନିମଗଛଟା କବି ପ୍ରେମ-ଆଖ୍ୟାନର ମୂକ ସାକ୍ଷୀ। ତାରି ତଳେ ଠିଆ ହୋଇ ପାଜ୍ ନିଜର ଜୀବନ ସଙ୍ଗିନୀ ମାରି କ୍ଷୋସେଙ୍କୁ ବିବାହ କରିଥିଲେ। ତେଣୁ ଏଇ ବଗିଚା, ଏଇ ଗଛ, ଏଇ ନାରୀ ବାରମ୍ବାର ଦେଖାଦିଏ ପାଜ୍‌ଙ୍କ କବିତାରେ। ପାଜ୍ ସେତେବେଳେ ଭାରତରେ ମେକ୍‌ସିକୋର ରାଜଦୂତ। ୧୯୬୨ରୁ ୧୯୬୮।

ମାରି କ୍ଷୋସେ ଆଉ ନିମ ଗଛଟିକୁ ମନେ ପକେଇ ପାଜ୍ ଲେଖିଛନ୍ତି:

"ଗୋଟିଏ ଝିଅ,
ମୁଁ ତାର ହାତ ଧରିଲି
ଏକ ସଙ୍ଗରେ ପାରି କଲୁ
ଚତୁର୍ଦ୍ଦିଗ, ତିନିକାଳ...
...ଆମେ ନିମଗଛକୁ କହିଲୁ
ଆମର ବିବାହ ତୁମେ ହିଁ କରିଦିଅ।"

('El Cuent de dos jardimes'

ଦୁଇ ଉଦ୍ୟାନର କଥା)

କେବଳ ବ୍ୟକ୍ତିଗତ ଜୀବନ ନୁହେଁ, ଜୀବନ ଦର୍ଶନ ପରିପ୍ରେକ୍ଷିରେ ବି ଭାରତରେ କଟେଇ ଥିବା ଏଇ କେତୋଟି ବର୍ଷ ଥିଲା ତାଙ୍କ ପାଇଁ ଅତ୍ୟନ୍ତ ଗୁରୁତ୍ୱପୂର୍ଣ୍ଣ।

ଅକ୍ତାଭିଓ ପାଜ୍ ନିଃସନ୍ଦେହରେ ଆମ ସମୟର ଅନ୍ୟତମ ଅଗ୍ରଗାମୀ କବି। ପାଜ୍‌ଙ୍କ ଗଦ୍ୟରଚନାର ବିନ୍ୟାସ ବି ବ୍ୟାପକ, ତଥାପି କବିଙ୍କର ପରିଚୟରେ ହିଁ ତାଙ୍କର ଖ୍ୟାତି ବିଶ୍ୱମୟ। ୧୯୯୦ ମସିହାରେ ସାହିତ୍ୟରେ ନୋବେଲ ପୁରସ୍କାର

ବି କବିଙ୍କ ଭୂମିକା ପାଇଁ ହିଁ। ଅକ୍‌ତାଭିଓ ଙ୍କ କବିତାର ମୂଳ ତାଙ୍କର ସ୍ୱଦେଶ ମେକ୍‌ସିକୋର ଗୂଢ଼ ସ୍ଥିଥୋଲଜିରେ ଗୁନ୍ଥା, କିନ୍ତୁ ତାଙ୍କ ସାହିତ୍ୟକୃତିର ବିଶ୍ୱଜନୀନତା ଅନସ୍ୱୀକାର୍ଯ୍ୟ। ତାଙ୍କ କବିତାର ପରିବେଷ୍ଟିତ ଜଗତଟିର ବିସ୍ତାର ଦୁଇ ଆମେରିକାରୁ ଆରମ୍ଭ କରି ଏସିଆ ଅବଧି ।

ପାଜ୍‌ଙ୍କର ଲେଖାରେ ମିଳେ ଫରାସି ସର୍‌ରିୟାଲିଜମ୍, ସ୍ପେନର ପ୍ରାଚୀନ କାବ୍ୟିକ ଐତିହ୍ୟ, ଜର୍ମାନିର ରୋମାଣ୍ଟିସିଜମ୍, ମାର୍କସୀୟ ବିତର୍କମୂଳକ ଯୁକ୍ତି ଏବଂ ବୌଦ୍ଧ ଦର୍ଶନ ।

ଭାରତବର୍ଷର ପ୍ରଭାବ ପାଜ୍‌ଙ୍କ ଜୀବନରେ ଓ କବିତାରେ ଯେ କେତେ ଗଭୀର, ତାହା ହୁଏତ ବହୁ ଲୋକଙ୍କୁ ଅଜଣା। ଭାରତରେ ରଚିତ କବିତାଗୁଚ୍ଛର ନାମ ସେ ଦେଇଥିଲେ Ladera Este, ଓଡ଼ିଆରେ "ପୂର୍ବଦିଗରେ ଢାଲୁ"। କବିତା ଗୁଡ଼ିକର ବିଷୟବସ୍ତୁ ଆମର ଦେଶ, ଆମର ମଣିଷ, ଆମର ଇତିହାସ, ଆମର ଦର୍ଶନ। ଏ ଦେଶର କିଛି ସହର, କିଛି ଗ୍ରାମ। ତେଣୁ କବିତାଗୁଡ଼ିକର ନାମ ବି ଏଇ ରକମ: ବୃନ୍ଦାବନ, ମଦୁରାଇ, ଉଦୟପୁରରେ ଦିନେ, କୋଚିନ, କନ୍ୟାକୁମାରୀ ପାଖେ, ଲୋଦି ଗାର୍ଡେନରେ, ମହିଶୂର ପଥରେ, ମଥୁରା ଇତ୍ୟାଦି।

ଭାରତକୁ ଅନ୍ତର ଦେଇ ବୁଝିବା ପାଇଁ ଏ ଦେଶରେ ଅନେକ ବୁଲିଥିଲେ ପାଜ୍। ଯେଉଁ ସବୁ ଜାଗାକୁ ପର୍ଯ୍ୟଟକ ସଚରାଚର ଯାଆନ୍ତି ନାହିଁ। ଭାରତୀୟମାନେ ବି ମାଡ଼ନ୍ତି ନାହିଁ ଯେଉଁ ପଥ, ସେ ଯାଇଥିଲେ ସେଇ ସବୁ ସ୍ଥାନକୁ ବି। ଯେମିତି ମଧ୍ୟପ୍ରଦେଶର ଦାତିୟା, କିମ୍ବା ଜୟପୁର ପାଖର ଏକ ଧୂଳିଧୂସରିତ ତୀର୍ଥସ୍ଥାନ, ଗାଲ୍‌ଟା, ଯେଉଁଠି ପଥ ପାର୍ଶ୍ୱରେ ହନୁମାନ ମୂର୍ତ୍ତି ଦେଖି ଅନୁପ୍ରାଣିତ ହୋଇ ପାଜ୍ ଲେଖିଥିଲେ El Mono Gramatico (ବ୍ୟାକରଣିକ ହନୁମାନ)। ବିଦେଶିମାନଙ୍କ ସାମ୍ନାରେ ଆମେ ଭାରତୀୟମାନେ ଯେ ମୁଖା ଧାରଣ କରୁ, ତାହା ଭେଦକରି ପାରିଥିଲେ ପାଜ୍।

ଅବଶ୍ୟ ଭାରତରେ ପଦାର୍ପଣ କରିବା ବେଶ୍ କିଛି ପୂର୍ବରୁ, ୧୯୪୬ରୁ ଭାରତୀୟ ଦର୍ଶନ, ବିଶେଷ ଭାବରେ ବୌଦ୍ଧଧର୍ମ ନେଇ ପଢ଼ାଶୁଣା କରି ସାରିଥିଲେ ପାଜ୍। ହାତରେ ଖଡ଼ି ଧରା ହୋଇଥିଲା ଫରାସି ଦାର୍ଶନିକ ଆଁଦ୍ରେବ୍ରେତଁଙ୍କ ପାଖରୁ, ଯିଏ ଥିଲେ ସର୍‌ରିୟାଲିଜମ୍‌ର ଅଧିନାୟକ। କିନ୍ତୁ ବ୍ରେତଁ ଏବଂ ଅନ୍ୟ ସମସାମୟିକ ସର୍‌ରିୟାଲିଷ୍ଟ୍‌ମାନେ ଭାରତବର୍ଷକୁ ନିକଟରୁ ଜାଣିବାକୁ ଚାହିଁ ନାହାନ୍ତି। ସେମାନଙ୍କ ଦୃଷ୍ଟିରେ ଭାରତ ଥିଲା ଅବାସ୍ତବ, ରହସ୍ୟମୟ ଏକ ସ୍ୱପ୍ନର ଦେଶ। ପାଜ୍, ବ୍ରେତଁଙ୍କର ଭକ୍ତ ହେବା ସତ୍ତ୍ୱେ ବି, ଏ ବ୍ୟାପାରରେ ଥିଲେ ସଂପୂର୍ଣ୍ଣ ପୃଥକ୍। ଭାଗ୍ୟ ତାଙ୍କୁ ଭାରତକୁ ନେଇ ଆସିଲା ଏବଂ ସେ ଆପଣାର କରିନେଲେ ଏହି ଦେଶକୁ।

ମୁଁ ଯେତେବେଳେ ମେକ୍‌ସିକୋ ବିଶ୍ୱବିଦ୍ୟାଳୟର ଛାତ୍ରୀ-ଗବେଷକ, ସେତେବେଳେ ଏକାଧିକବାର ପାଜ୍‌ର ସଙ୍ଗରେ ତାଙ୍କର କବିତା ନେଇ ଆଲୋଚନା କରିଛି । ସେଇ ସମୟରେ ୧୯୭୭-୭୮ ସାଲ୍‌ରେ କବିଙ୍କ ବୟସ ଚଉଷଠି ପଅଁଷଠି, ସେ ପର୍ଯ୍ୟନ୍ତ ବି ତାଙ୍କର ବେଶି ଭାଗ ଲେଖା ହିଁ ଇଂରେଜି ବା ଅନ୍ୟାନ୍ୟ ଭାଷାରେ ଅନୁଦିତ ହୋଇନାହିଁ। ନୋବେଲ ପୁରସ୍କାର ଅଭାବିତ ନ ହେଲେ ବି ତାହା ସେତେବେଳେ ବି ଠିକ୍ ପ୍ରତ୍ୟାଶିତ ନୁହେଁ। ଭାରତ ଛାଡ଼ି ଚାଲି ଆସିଛନ୍ତି ତାର ଦଶବର୍ଷ ପୂର୍ବରୁ, କିନ୍ତୁ ଭାରତୀୟତ୍ୱ ଓ ଭାରତୀୟମାନଙ୍କ ସଙ୍ଗେ ପାଜ୍‌ଙ୍କ ଯୋଗାଯୋଗ ଯେ ଅତୁଟ ଥିଲା ତାହା ବୁଝା ପଡୁଥିଲା ତାଙ୍କର ବିଭିନ୍ନ ଉକ୍ତିରୁ।

୧୯୮୫ ସାଲ୍‌ରେ, ଦିଲ୍ଲୀରେ ନେହେରୁ ବକ୍ତୃତା ଦେବାପାଇଁ ଆଉଥରେ ସସ୍ତ୍ରିକ ଆସିଥିଲେ ସେ ଭାରତକୁ ଏବଂ ଏକ ସ୍ମରଣୀୟ ବକ୍ତୃତା ପ୍ରଦାନ କରିଥିଲେ ଭାରତବର୍ଷ ଓ ଲାଟିନ ଆମେରିକାର ସାଂସ୍କୃତିକ ସଫଳତା ସଂପର୍କରେ। ତାହାରି ମଧ୍ୟରେ ସ୍ମୃତିଚାରଣ ବି ଥିଲା। "ତିରିଶ ବର୍ଷରୁ ବେଶି ହୋଇଗଲା ଦିନେ ମୁଁ ମୁମ୍ବାଇରେ ସୂର୍ଯ୍ୟୋଦୟ ସମୟରେ ଅବତରଣ କରିଥିଲି ଜାହାଜରୁ। ମୁଁ ମେକ୍‌ସିକୋର ରାଷ୍ଟ୍ରଦୂତ ସହ ଦ୍ୱିତୀୟ ସଚିବ ରୂପେ ଆସିଥିଲି ଭାରତର ନୂତନ ପ୍ରଜାତନ୍ତ୍ରର ସହ ପ୍ରଥମ ସଂପର୍କ ସ୍ଥାପନ କରିବାକୁ । ସେତେବେଳକାର ଦିନରେ ମୁଁ ଥିଲି ଜଣେ ତରୁଣ ଓ ଅସଂସ୍କୃତ କବି।...ଅନେକ ଦିନ ପରେ ୧୯୬୨ ସାଲରେ ଫେରି ଆସିଲି ପୁନରାୟ ମୋର ଦେଶର ରାଷ୍ଟ୍ରଦୂତ ହିସାବରେ...ମୋର ଭାରତବର୍ଷୀୟ ବିଦ୍ୟାଶିକ୍ଷା ଚାଲିଲା। ...ଏବେବି ଶେଷ ହୋଇନି। ସେତେବେଳକୁ ଅବଶ୍ୟ ସେ ବିଭିନ୍ନ ଆନ୍ତର୍ଜାତିକ ପୁରସ୍କାର ଓ ତାଙ୍କର ନାନା ଅନୁଦିତ ଗ୍ରନ୍ଥର ଆଲୋକରେ ବିଶ୍ୱବିଖ୍ୟାତ ହୋଇ ସାରିଛନ୍ତି। ବାର୍ଦ୍ଧକ୍ୟର ଛାପ ବି ପଡ଼ିଛି ଅବୟବରେ । ଏହି ବକ୍ତୃତାର ପାଞ୍ଚବର୍ଷ ପରେ ଯେତେବେଳେ କବି ନୋବେଲ୍ ପାଇଲେ ସେତେବେଳେ ତାଙ୍କର ବୟସ ଛୟସ୍ତରି। ତାର କେତେ ବର୍ଷ ପରେ ବି ସେ ଗ୍ରନ୍ଥ ଲେଖିଛନ୍ତି ଭାରତୀୟ ସଂସ୍କୃତି ଉପରେ, "ଭାରତବର୍ଷର ଆଲୋକରେ" (Vislumbres dr la India).

ଭାରତୀୟ ଦର୍ଶନ, ବିଶେଷ ଭାବରେ ବୌଦ୍ଧ ଚିନ୍ତନ ଏବଂ ଦ୍ୱିତୀୟ ଶତାବ୍ଦୀର ମହାନ୍ ଚିନ୍ତାବିତ୍ ନାଗାର୍ଜୁନଙ୍କ ପ୍ରଭାବ ପାଜ୍‌ଙ୍କ ସାହିତ୍ୟରେ ପ୍ରତିଫଳିତ। ୧୯୬୦ର ଦଶକରେ ନାଗାର୍ଜୁନଙ୍କ ଦର୍ଶନଚିନ୍ତାର ମଧ୍ୟରେ ତାଙ୍କର ଅଶାନ୍ତ ମନ ପରମ ସତ୍ୟକୁ ଖୋଜିପାଏ। ସେ ସମୟରେ ପାଜ୍‌ଙ୍କ ମାନସିକ ସଙ୍କଟର କାରଣ ଥିଲା ପଶ୍ଚିମ ସମାଜର ନୈତିକ ବ୍ୟର୍ଥତା।

ପ୍ରାରମ୍ଭରୁ ହିଁ ପାଜ୍ ଥିଲେ ନୈତିକ ବିଦ୍ରୋହୀ। ପେରୁର କବି ସେସାର

ଭାଲେଖ୍ୟୋ ଏବଂ ଚିଲିର ପାବ୍‌ଲୋ ନେରୁଦାଙ୍କ ଅନୁରୂପ ପାଜ୍ ବି ବିପ୍ଲବୀ କବି ଭାବରେ ପରିଚିତ ଥିଲେ ଏକାବେଳକେ ଯୁବାବସ୍ଥାରୁ। ନେରୁଦା ଓ ଭାଲେଖ୍ୟୋ ଭଳି ପାଜ୍‌ଙ୍କର ବି ହତିଆର ଥିଲା ତାଙ୍କର କବିତା। ଭାଲୋଖ୍ୟୋଙ୍କର ଜନ୍ମସାଲ ୧୮୯୨, ନେରୁଦାଙ୍କର ୧୯୦୪ ଏବଂ ପାଜ୍‌ଙ୍କର ୧୯୧୪।

ମଧ୍ୟଦକ୍ଷିଣ ଆମେରିକା ଉପରେ, ସ୍ପେନର ଯେଉଁ ଔପନିବେଶିକ ଆଧିପତ୍ୟ ଥିଲା, ତାହା ଅନେକ ଦିନ ଆଗରୁ ଶେଷ ହୋଇଗଲେ ବି ସ୍ପେନୀୟ ଓ ଅନ୍ୟାନ୍ୟ ଉଇରୋପୀୟ ବଂଶୋଦ୍‌ଭବ ଏବଂ ଭୂମ୍ୟାଧିକାରୀ ଅଭିଜାତ ଶ୍ରେଣୀର ଆଧିପତ୍ୟ କାୟେମ ଥିଲା ବିଂଶ ଶତାବ୍ଦୀର ପ୍ରଥମ କେତୋଟି ଦଶକ ପର୍ଯ୍ୟନ୍ତ ନିଶ୍ଚିତ ଏବଂ ଅନେକ ସ୍ଥାନରେ ଏବେ ବି ରହିଛି। ଏହି ଆଧିପତ୍ୟର ଖୁଣ୍ଟି ଥିଲା କାଉଡିଲୋ (Cowdillo) ବା ପ୍ରଭୁସ୍ଥାନୀୟ ରାଜନୈତିକ ନେତାମାନଙ୍କ ସହ ସାମରିକ ଓ ଅମଲାତାନ୍ତ୍ରିକ ଅଭିଜାତବର୍ଗର ବୁଝାମଣା। ଏହା ବିରୁଦ୍ଧରେ ଯାହା ଇତିହାସରେ ସ୍ମରଣୀୟ ତା ମଧ୍ୟରେ ଉଲ୍ଲେଖଯୋଗ୍ୟ ମେକ୍‌ସିକୋରେ କୃଷକ ନେତା ଏମିଲିଆନୋ ଜାପାଣଙ୍କର ନେତୃତ୍ୱରେ ବିପ୍ଳବ। ଜାପାଣଙ୍କର ପ୍ରଧାନ ଦାବି ଥିଲା ଚାଷିମାନଙ୍କ ପାଇଁ ଜମି। ପାଜ୍‌ଙ୍କର ପିତା ଥିଲେ ଓକିଲ। ସେ ଜାପାଣଙ୍କ ପକ୍ଷରୁ ମାମଲା ଲଢୁଥିଲେ ସରକାର ବିରୁଦ୍ଧରେ। ଏହି ରକମ ଏକ ପରିବେଶରେ ପାଜଙ୍କର ଜନ୍ମ। ରାଜଧାନୀର ଏକ ସଂଭ୍ରାନ୍ତବଂଶର ସନ୍ତାନ। ପୁରା ନାମ ଅକ୍‌ତାଭିଓ ପାଜ୍ ଲୋଜାନୋ। ପିତାମହ ଇରେନେଓ ଥିଲେ ଉଦାରପନ୍ଥି ନୀତିବାଦୀ; ପେଶାରେ ସାମ୍ବାଦିକ। ପରିବାରର ସମସ୍ତେ ହିଁ ଥିଲେ ରିଭୋଲ୍ୟୁସନ୍‌ର ସମର୍ଥକ।

କିନ୍ତୁ ମେକ୍ସିକୋର ଏହି ସଂଗ୍ରାମର ବିଫଳତା ପାଜ କ୍ରମେ ବୁଝିପାରିଥିଲେ। ୧୯୫୦ ସାଲରେ ତାଙ୍କ ବିଶ୍ୱବିଖ୍ୟାତ El Laberinto de la Soledad (ନିଃସଙ୍ଗତାର ଗୋଲକଧନ୍ଦା) ଗ୍ରନ୍ଥରେ ପାଜ୍ ଲେଖିଛନ୍ତି, ମେକ୍‌ସିକୋର ବିପ୍ଳବ, ତାର ସକଳ ଉର୍ବର ଓ ଉଜ୍ଜ୍ୱଳ ସମ୍ଭାବନା ସତ୍ତ୍ୱେଓ ଅସଫଳ ହୋଇଛି କାରଣ, ବାସ୍ତବିକ ରୂପରେ ନ୍ୟାଯ୍ୟ ଓ ମୁକ୍ତ ସମାଜ ସୃଷ୍ଟି କରିବାରେ ତାର ଅକ୍ଷମତା।'

ଏହି ରଚନାରେ ପାଜ୍ ମେକ୍‌ସିକୋବାସୀଙ୍କର ଚେତନା ଓ ସଂସ୍କୃତି, ବିଶେଷ ଭାବରେ ସେମାନଙ୍କର "ସହଜାତ ନିଃସଂଗତାର ଦକ୍ଷ ବିଶ୍ଳେଷଣ କରିଛନ୍ତି। ମେକ୍‌ସିକୋର ମଣିଷର ହୃତକଂପନରେ ଆଜି ବି ଭୀରୁ ଆଜ୍‌ଟେକ୍‌ର (Aztec)ପଦଧ୍ୱନିର ସୂଚନା ମିଳେ। ତେଣୁ ସେ ଆଢୁଆଳ କରି ରଖନ୍ତି ନିଜକୁ। ମେକ୍‌ସିକୋର ମଣିଷ, ତରୁଣ ଅଥବା ବୃଦ୍ଧ, ହିସ୍ପାନି ବଂଶର ଅଥବା ମିଶ୍ରଜାତୀୟ (ମେସ୍‌ଟିଜୋ, ଅର୍ଥାତ୍ ସ୍ପେନୀୟ ଓ ସ୍ଥାନୀୟ ଇଣ୍ଡିୟାନ ମିଶ୍ରିତ ସଂଜାତ)...ଯେମିତି

ଦେବାଲ ଦେଇ ଘେରି ରଖିଛନ୍ତି ନିଜକୁ ବଂଚେଇବା ପାଇଁ। ତାର ମୁହଁ ଗୋଟାଏ ମୁଖା...ସେ ସର୍ବଦା ହିଁ ଦୂରେଇ ରହେ ପୃଥିବୀରୁ ଏବଂ ଅନ୍ୟ ସଭିଙ୍କ ଠାରୁ। ...ଏଇ ଦୂରତ୍ୱ ବା ନିଃସଂଗତା ଆମର ସଂଶୟ ଓ ଆସ୍ଥାହୀନତାକୁ ମୁକାବିଲା କରିବାର ଉପାୟ ମଧ୍ୟରୁ ଗୋଟାଏ। ବୁଝାଯାଏ ଯେ ଆମେ ବାହାରର ଜଗତକୁ ବିପଜ୍ଜନକ ମନେକରୁ। ଆମର ଇତିହାସ ଏବଂ ଆମେ ଯେଉଁ ସମାଜ ତିଆରି କରିଛୁ, ତାର ହିଁ ଫଳ ଏହି ମନୋବୃତ୍ତି।....ଆଉ କୌଣସି ଜାତି ବୋଧହୁଏ ଏତେଟା ଅସହାୟବୋଧ କରି ନାହାନ୍ତି। ଯେମିତି ବୋଧ କରିଥିଲେ ଆଜ୍‌ଟେକ୍ ଜାତି...ସେମାନଙ୍କ ସହ ଆଗ୍ରାସୀ ସ୍ପେନର ସଂପର୍କରେ ଆଜ୍‌ଟେକ୍ ଜାତିର ଆତ୍ମହନନ ବ୍ୟତୀତ ଅନ୍ୟ କିଛି କୁହାଯାଇ ନ ପାରେ।

"ନିଃସଙ୍ଗତାର ଗୋଲକଧନ୍ଦା" ମେକ୍‌ସିକୋର ପୁରାଣ ବା ମିଥୋଲଜିରେ ସୂର୍ଯ୍ୟକୁ ବିଶେଷ ଗୁରୁତ୍ୱପୂର୍ଣ୍ଣ ଭୂମିକାରେ ଦେଖାଯାଏ। ଏବେବି ମେକ୍‌ସିକୋ ସହରର ଆଜ୍‌ଟେକ୍ ଶିଳ୍ପ ସଂଗ୍ରହ ମଧ୍ୟରେ ଭାସ୍କର୍ଯ୍ୟରେ ଉତ୍‌କୀର୍ଣ୍ଣ ସୂର୍ଯ୍ୟର ପ୍ରତିକୃତି ଦେଖାଯାଏ ଅନେକବାର। ୧୯୫୭ ସାଲରେ ପାଜ୍ ଲେଖିଲେ ତାଙ୍କର ସୁଦୀର୍ଘ କବିତା "Piedra de sol"(ପାଷାଣ ସୂର୍ଯ୍ୟ)। ସୂର୍ଯ୍ୟକୁ ଅନୁସରଣ କରି ଧରାର ଅନ୍ତରରେ ପ୍ରବେଶ କଲେ। ମାଟି ପରିଣତ ହେଲା ନାରୀର ଶରୀରରେ। କିନ୍ତୁ କବି ଜୀବନ ରହସ୍ୟର ଉତ୍ତର ପାଇଲେ ନାହିଁ। ଏଇ ସମୟରେ ହିଁ ଗୋଟାଏ ଫାଟ ଧରିଥିଲା ତାଙ୍କର ବ୍ୟକ୍ତିଗତ ଜୀବନରେ। ପ୍ରଥମ ପକ୍ଷର ସ୍ତ୍ରୀ ଏଲେନା ଗାର୍‌ରୋଙ୍କ ସହିତ ତାଙ୍କର ଘଟିଥିଲା ବିବାହ ବିଚ୍ଛେଦ। କବି ଚାଲି ଆସିଲେ ଭାରତବର୍ଷ। ଏ ଦେଶକୁ ଆସିବା ଯେମିତି ପାଜ୍ ନିକଟରେ ଥିଲା ତୀର୍ଥଯାତ୍ରାରେ ଆସିବା ସଦୃଶ। ନାଗାର୍ଜୁନଙ୍କର ମହାଯାନ ମତବାଦ ନେଇ ଅଧ୍ୟୟନ କଲେ ସେ। ବୁଝିଲେ ପ୍ରଜ୍ଞା ପାରମିତା, ନିର୍ବାଣ ଆଉ ଶୂନ୍ୟତାର କଠିଣ ଅର୍ଥ। ଏହି ତତ୍ତ୍ୱ ଅନୁସାରେ ଆମେ ପୃଥିବୀରେ ଯାହା ଦେଖୁ, ଯାହା ଅନୁଭବ କରୁ, ସବୁ ହିଁ ମାୟା। ଆତ୍ମା ମାୟା, ଅହଂ ମାୟା। Ladera Este ରେ "ଶୂନ୍ୟତା" ନାମକ କବିତାରେ ପାଜ୍ ଏହି ଭୟାନକ ସତ୍ୟକୁ ବର୍ଣ୍ଣିତ କରିଛନ୍ତି:

"ଯାହା ବିଦ୍ୟମାନ ଅଥଚ ନିଜକୁ ସଦା ଧ୍ୱଂସ କରିଚାଲିଛି
ଅସ୍ତିତ୍ୱ ଅଳୀକ ଜ୍ୟୋତିର ମଝିରେ ତାର ମରୀଚିକା।"

(Sunyate: ଶୂନ୍ୟତା)

ନା ଅଛି ଅତୀତ, ନା ଅଛି ବର୍ତ୍ତମାନ, ନା ଅଛି ଭବିଷ୍ୟତ। ଯାହା ଆମେ ଭାବୁ ସମୟ, ତାହା–

"କିଛି ହିଁ ନୁହେଁ
କେବଳ ବୃନ୍ତର କଂପନ ମାତ୍ର

ଯାହା ନିମିଷରେ ମିଳେଇ ଯିବ।"

ଏହି ନକାରାତ୍ମକ ଚିନ୍ତନ ଶୂନ୍ୟତା ପ୍ରକଟିତ ହୋଇଛି ତାଙ୍କର ଦିଲ୍ଲୀର ବିବରଣରେ। କବିତାର ନାଁ "ବାଲ୍‌କନ୍" (ଅଳିନ୍ଦ)। ଗତିହୀନ ସମୟର ପ୍ରତୀକ ଏ ନଗରୀ। "ଶତାବ୍ଦୀଗୁଡ଼ିକର ପ୍ରବାହ ସାଥିରେ ଭାସମାନ ନୁହେଁ...

ବାନ୍ଧି ରଖିବା
ଏକ ନିଶ୍ଚଳ କଳ୍ପନା ଭଳି
ତାପଦଗ୍ଧ ଶ୍ୱେତଦ୍ୱୀପା ଲୋକର ମଝିରେ
ଦିଲ୍ଲୀ।
(Balcon ଅଳିନ୍ଦ)

ଅବଶ୍ୟ ପାଜ୍ କେବେ ବୌଦ୍ଧ ଧର୍ମରେ ଦୀକ୍ଷିତ ହୋଇ ନାହାନ୍ତି। କିନ୍ତୁ ନାଗାର୍ଜୁନଙ୍କର ଦର୍ଶନ ସ୍ପର୍ଶରେ ପରିବର୍ତ୍ତନ ଘଟିଥିଲା ତାଙ୍କ ନିଜସ୍ୱ ଚିନ୍ତାଧାରାରେ। ସକଳ ବିରୋଧ ମଧ୍ୟରେ ମିଳନ ଦର୍ଶନର ପ୍ରବଣତା ତାଙ୍କ ଚିନ୍ତନର ଥିଲା ଏକ ବିଶେଷ ଲକ୍ଷଣ:

"ଅଭିନ୍ନ ସ୍ପନ୍ଦନ
ମୃତ୍ୟୁ ଓ ଜନ୍ମ।"

(ସବୁ ଦିଶାରୀ ପବନ "Viento Entero" ପାଜ୍‌ଙ୍କ କବିତା ଅନ୍ୱେଷଣ। କବିତା ମାଧ୍ୟମରେ ଅଜଣା ଦିଗକୁ ଯାତ୍ରା। ସେ ପଥରେ ନୂତନତ୍ୱର ସଂଗେ ମିଶି ରହିଛି ପୁରାତନ। ଚିହ୍ନା ସହିତ ଅଚିହ୍ନା, ଶିଳ୍ପୀ ବନ୍ଧୁ ସ୍ୱାମୀନାଥନଙ୍କର ଛବି ଅଙ୍କା ଦେଖୁ ଦେଖୁ ପାଜ୍ ଅନୁଭବ କଲେ ଯେ ହିନ୍ଦୁ ଦେବୀ କାଳୀ ଆଉ ପ୍ରାଚୀନ ମେକ୍ସିକୋର ଆଜ୍‌ଟେକ ଦେବୀ ତୋନନ୍ତଜିନ ଏକଇ ମହାଶକ୍ତିର ଦୁଇ ଆକୃତି। ସାଦା କ୍ୟାନଭାସ ଦେହରେ ଶିଳ୍ପୀ ମଖେଇ ଦେଲେ ଗାଢ କଳାରଙ୍ଗ। ତା ଉପରେ ଦୁଇ ଟୋପା ରକ୍ତ ଲାଲ୍।'

"ଫୁଟି ଉଠିଲା ମେକ୍ସିକୋର ଲାଲ
ଚପେଇ ଉଠିଲା କଳା
ଓଷ୍ଠ କଳା
କାଳିର କାଳିମା।"

(ଶିଳ୍ପୀ ସ୍ୱାମୀନାଥନ୍‌ଙ୍କୁ)

କବିଙ୍କର ଦେଶର ଆଜଟେକ୍ ଦେବଦେବୀଙ୍କୁ ତୁଷ୍ଟ କରା ହେଉଥିଲା ନରବଳି ଦେଇ। ପାଜଙ୍କର ମନେହେଲା ଯେମିତି ସେହି ରକ୍ତ-ସମୁଦ୍ରରୁ ଆବିର୍ଭୂତ ହେଲା

କାଳୀର ରୁଦ୍ର ମୂର୍ତ୍ତି । ରକ୍ତ ଝରୁଛି ତାଙ୍କର ପ୍ରସାରିତ ଜିହ୍ବାରୁ। ସ୍ବାମୀନାଥନଙ୍କର ଚିତ୍ରରେ ପାଜ୍ ଖୋଜି ପାଇଲେ ଦୁଇ ଭିନ୍ନ ସଭ୍ୟତାର ଏହି ଐତିହ୍ୟ: ଭୟଙ୍କରୀ ମାଁ-ର ପୂଜା।

ଏହାରି ଉପର ଦିଗରେ ରହିଛି ଜନନୀ ସଂକ୍ରାନ୍ତ ପାପବୋଧର କୁହେଳିକା। ନିଃସଂଗତାର ଗୋଲକ ଧନ୍ଦାରେ ଏହାର ବ୍ୟାଖ୍ୟା ରହିଛି। ନାରୀକୁ ଧର୍ଷଣ କରିବା ଭଳି, ସ୍ପେନ ଧର୍ଷଣ କରୁଥିଲା ଆଜ୍‌ଟେକ୍ ସଭ୍ୟତାକୁ। ସେହି ବିଭତ୍ସ କର୍ମରୁ ମେକ୍‌ସିକୋର ଜନ୍ମ। ତେଣୁ ପାଜ୍ କହିଛନ୍ତି:

"ଆଇନାର ବିକୃତ ମୁହଁ, ଆତଙ୍କ ଆଉ ଉକାଳ,
ଏହାଛଡ଼ା ଆମେ ଆଉ କିଛି ହିଁ ନୋହୁ।"

(ପାଷାଣ ସୂର୍ଯ୍ୟ; Piedra desot)

ଅକ୍‌ଟାଭିଓ ପାଜ୍‌ଙ୍କ ଲେଖାରେ, ବିଶେଷ କରି ତାଙ୍କର ପ୍ରବନ୍ଧାବଳୀରେ ଫଲ୍‌ଗୁଧାରା ସମ ରହିଛି ମେକ୍‌ସିକୋ ପ୍ରତି ତାଙ୍କର ଦାୟବଦ୍ଧତା, ସେ ଦେଶର ଇତିହାସ ଓ ବର୍ତ୍ତମାନ ସଂପର୍କରେ ତାଙ୍କର ନିୟତ ଚିନ୍ତା। "ନିଃସଂଗତାର ଗୋଲକ ଧନ୍ଦା" 'ନାମକ ଗ୍ରନ୍ଥର ଉଲ୍ଲେଖ ପୂର୍ବରୁ ହିଁ କରିଛି। ଏଇ ଲେଖାର କୋଡ଼ିଏ ବର୍ଷ ପରେ ସେ ପୁନଶ୍ଚ ଏକ ସ୍ବରୂପ ଯୋଗ କରନ୍ତି ଆଉ ଏକ ପ୍ରବନ୍ଧ ପୁସ୍ତକ: "ଅନ୍ୟ ମେକ୍‌ସିକୋ : ପିରାମିଡ୍‌ର ବିଶ୍ଳେଷଣ"- (El Critico de la Piramide)। ଉଦ୍ଦେଶ୍ୟ, ଆଧୁନିକ ମେକ୍‌ସିକୋର ସାଂପ୍ରତିକ ଇତିହାସ ବୁଝେଇବାର ଚେଷ୍ଟା।

ଏଠାରେ ଉଲ୍ଲେଖ କରିବା ପ୍ରୟୋଜନ ଯେ ୧୯୬୮ ସାଲ୍‌ରେ ମେକ୍‌ସିକୋର ଇତିହାସରେ ଏକ ଆଲୋଡ଼ନକାରୀ ଘଟଣା ଘଟେ। ଏହି ସମୟରେ ଫରାସି, ଜର୍ମାନ ଏବଂ ଅନ୍ୟାନ୍ୟ ଇଉରୋପୀୟ ଛାତ୍ରସମାଜରେ ତଥା ଉତ୍ତର ଆମେରିକାର ବିଶ୍ବବିଦ୍ୟାଳୟ ଗୁଡ଼ିକରେ ଯୁବ ଆନ୍ଦୋଳନର କଥା ଅନେକେ ହିଁ ଜାଣନ୍ତି। ଅପେକ୍ଷାକୃତ ଅନାବଗତ ହୋଇ ରହି ଯାଇଛନ୍ତି ସମସାମୟିକ ମେକ୍‌ସିକୋରେ ଯୁବ ଅଭ୍ୟୁତ୍‌ଥାନ ସଂପର୍କରେ। ଦ୍ବିତୀୟ ଅକ୍ଟୋବର ୧୯୬୮, ମେକ୍‌ସିକୋର ଛାତ୍ର ଓ ଯୁବ ସଂପ୍ରଦାୟର ପ୍ରତିବାଦୀ ସମାବେଶ ଉପରେ ସରକାରୀ ନିର୍ଦ୍ଦେଶରେ ସେନାବାହିନୀର ଗୁଳିବର୍ଷଣର ଶିକାର ହୁଅନ୍ତି ତିନିଶହ ଯୁବକ। ଟଲାଟେଲଲ୍ ଚକା ପ୍ଲାଜାରେ ଘଟିଥିଲା ଏ ନାରକୀୟ ଗଣହତ୍ୟା। ଆନ୍ତର୍ଜାତିକ କ୍ରୀଡ଼ା ପ୍ରତିଯୋଗିତାର ପାଖାପାଖି ସମୟ। ମେକ୍‌ସିକୋର ଶାସନବର୍ଗ ଚାହିଁଥିଲେ ଏହି ଯୁବ ଆନ୍ଦୋଳନକୁ ସମୂଳେ ବିନଷ୍ଟ କରିବାକୁ ଏବଂ ବ୍ୟାପାରଟାକୁ ସମଗ୍ର ବିଶ୍ବର ଦୃଷ୍ଟିର ଆଢୁଆଳରେ ରଖିବାକୁ। ଉଦ୍ଦେଶ୍ୟ କିଛିଟା ସଫଳ ହୋଇଥିଲା ନିଃସନ୍ଦେହରେ। ତେବେ ଅକ୍‌ଟାଭିଓ ପାଜ୍ ଉଚ୍ଚପଦସ୍ଥ ରାଷ୍ଟ୍ରଦୂତ ହିସାବରେ

ଏହି ହତ୍ୟାକାଣ୍ଡ ବିଷୟରେ ଅବହିତ ଥିଲେ। ପ୍ରତିବାଦରେ ସେଇ ସାଲରେ ହିଁ ସେ ଦିଲ୍ଲୀରେ ରାଷ୍ଟ୍ରଦୂତ ପଦତ୍ୟାଗ କରନ୍ତି ସମସ୍ତଙ୍କୁ ଅବାକ୍ କରିଦେଇ।

କବିଙ୍କ ସେହି ସମୟର କବିତାଗୁଡିକ ଥିଲା ଉତ୍ତେଜନା ଦୀପ୍ତ:

ଲଜ୍ଜା-
ଅଥବା ନିଜ ପ୍ରତି କ୍ରୋଧ...
ଯେତେବେଳେ ଗୋଟାଏ ସମଗ୍ର
ଜାତି ଲଜ୍ଜିତ ହୁଏ,
ସେ ଯେମିତି ଗୋଟାଏ ସିଂହ,
ଉଲ୍ଲମ୍ଫନ ପାଇଁ ପ୍ରସ୍ତୁତ...
କର୍‌ପୋରେଶନ୍‌ର ଚାକିରୀଆମାନେ
ରକ୍ତ ଧୋଇ ପକେଇଛନ୍ତି
ଶହିଦମାନଙ୍କ ରକ୍ତରେ ରଂଜିତ ଚୌରାସ୍ତା
ଦେଖ ତୁମ୍ଭେମାନେ।"

"ଅନ୍ୟ ଏକ ମେକ୍‌ସିକୋ" ପ୍ରବନ୍ଧ ଗ୍ରନ୍ଥରେ ଅକ୍‌ତାଭିଓ ପାଜ୍ ସାଂପ୍ରତିକ ଘଟଣା ପ୍ରବାହ ଏବଂ ଆହୁରି ସୁଦୂରପ୍ରସାରୀ ଇତିହାସ ପର୍ଯ୍ୟବେକ୍ଷଣ କରି ବୁଝିବାର ଚେଷ୍ଟା କରିଛନ୍ତି 'ମେକ୍ସିକୋର ସେହି ଇତିହାସ ଯାହା ଆଖିରେ ପଡ଼େନା'। ମେକ୍ସିକୋର ପ୍ରାଚୀନ ପିରାମିଡ୍ ଗୁଡ଼ିକର ସଙ୍ଗେ ସଂଶ୍ଳିଷ୍ଟ ଧର୍ମୀୟ ଆଚାର ବ୍ୟବହାର, ଆଜ୍‌ଟେକ୍ ସମାଜରେ ପ୍ରଚଳିତ ନରବଳି ପ୍ରଥା, ଆଧୁନିକ କାଳରେ ଶାସକ ବର୍ଗର ହିଂସ୍ରତା, ଏଇସବୁ ପ୍ରବଣତାକୁ ଏକଇ ଧାରାର ଅଂଶରୂପେ ସେ ଦେଖେଇଛନ୍ତି। "ତଥାକଥିତ ଆଧୁନିକ ସଭ୍ୟତାର ନିମ୍ନରେ ରହିଛି ପୁରାତନ ନରଘାତକ କ୍ଷମତାଲିପ୍ସା।"

ଆହୁରି କେତେବର୍ଷ ପରେ, ୧୯୭୯ ସାଲରେ ପାଜ୍ ପ୍ରକାଶ କରନ୍ତି ଏକଇ ଧରଣର ବିଶ୍ଳେଷଣ, ଆହୁରି ବହୁଳ ଓ ବିସ୍ତୃତ ପଟ୍ଟଭୂମିରେ। ପୁସ୍ତକଟିର ନାମ 'ପରୋପକାରୀ ଦାନବ' (El Ogro Filautropico)। ଏଠାରେ ଲେଖକର ମୂଳ ପ୍ରଶ୍ନ କେବଳ ମେକ୍‌ସିକୋ ସଂପର୍କରେ ନୁହେଁ, ଆହୁରି ଅନେକ ଦେଶ ପାଇଁ ବି ପ୍ରାସଙ୍ଗିକ। ତାଙ୍କ ମତରେ, ଆଧୁନିକତମ ରାଷ୍ଟ୍ରର ଆକାର କ୍ରମାଗତ ବୃଦ୍ଧିପାଇ ଦାନବୀୟ ପର୍ଯ୍ୟାୟରେ ପହଞ୍ଚିଛି। ସେହି ଦାନବର ଉଦ୍ଦେଶ୍ୟ ମହତ୍। ନାଗରିକମାନଙ୍କର ଉପକାର କରିବା। ଅନ୍ତତଃ ତାହା ହିଁ କୁହାଯାଇଥାଏ। କିନ୍ତୁ ସତରେ ହିଁ କଣ ଏହି ପରୋପକାରୀ ଦାନବ ମଣିଷର ହିତକାରୀ ? ପ୍ରସଂଗକ୍ରମେ ପାଜ୍ ମେକ୍‌ସିକୋର ରାଜନୈତିକ ଦଳ ପି.ଆର. ଆଇ-(P.R.I.)- ଯେଉଁ ଦଳ କେତୋଟି ଦଶକଧରି ଏବଂ ଆଜି ପର୍ଯ୍ୟନ୍ତ,

ସେଇ ଦେଶ ଶାସନ କରୁଛି ଏକ ଏବଂ ଅଦ୍ୱିତୀୟ ଦଳ ହିସାବରେ-ତା ସହିତ ତୁଳନା କରିଛନ୍ତି ଭାରତର ଜାତୀୟ କଂଗ୍ରେସ ଦଳର। ତାଙ୍କର ମୂଳ ବକ୍ତବ୍ୟ: ଏଇ ସର୍ବଶକ୍ତିମାନ ଆଧୁନିକ ରାଷ୍ଟ୍ର ଯେଉଁ ରାଷ୍ଟ୍ର ହାତରେ, ସ୍ୱାର୍ଥାନୁସନ୍ଧାନ ହିଁ ମୁଖ୍ୟ, ଆଦର୍ଶ ଗୌଣ। ସୁତରାଂ ଏହି ପରୋପକାରୀ ଦାନବ ବିଶ୍ୱାସର ହିଁ ଅଯୋଗ୍ୟ।

ଚିରଜୀବନ ନାନା ପଥର ସନ୍ଧାନୀ ଓ ନିୟତ ପରିଭ୍ରମଣରେ ଆସକ୍ତ ଅକ୍ତାଭିଓ ପାଜ୍ ଶେଷ ଜୀବନରେ ଅଶକ୍ତ ଅବସ୍ଥାରେ ପ୍ରାୟ ଗୃହବନ୍ଦୀ ଥିଲେ, ମେକ୍ସିକୋ ସହର ନିକଟରେ ଦେଲା ରେଫର୍ମାରେ ନିଜର ବାସଭବନରେ। 'ଭାରତର ଆଲୋକରେ' (Vislumores de la India)ତାଙ୍କର ଶେଷତମ ଲେଖାଗୁଡ଼ିକ ମଧ୍ୟରେ ଅନ୍ୟତମ, କିନ୍ତୁ ତାଙ୍କର ନୂତନ ଲେଖାଗୁଡ଼ିକ ଖୁବ୍ ହିଁ ବିରଳ ହୋଇ ପଡ଼ିଥିଲା। ମୃତ୍ୟୁ ଖୁବ୍ ଅସମୟରେ ଆସେନି ଏଇ ପଥିକ କବିର ଜୀବନରେ। କବି, ଚିନ୍ତା ଏବଂ ଦାର୍ଶନିକ ପାଜ୍‌ର ଯାତ୍ରାରମ୍ଭ ଏକାକିତ୍ୱର ଅଭିନ୍ନ ବୃତ୍ତରୁ।

॥ ଏକାକିତ୍ୱର ଅଙ୍ଗୀକାର ॥

ରାଜନୀତିବିଦ୍‌ଗଣ ମଝିରେ ମଝିରେ ସତ୍ୟକଥା କହନ୍ତି ଯେମିତି କହିଥିଲେ ମେକ୍ସିକୋର ରାଷ୍ଟ୍ର ପ୍ରଧାନ ଏର୍ନେଷ୍ଟୋ ଜେଦିଲ୍ଲୋ। ଅକତାଭିଓ ପାଜଙ୍କର ମୃତ୍ୟୁ ସଂବାଦ ଶୁଣି ବ୍ୟଥିତ ଜେଦିଲ୍ଲୋଙ୍କର ମନ୍ତବ୍ୟ ଥିଲା, "ମେକସିକୋ ତାର ସର୍ବଶ୍ରେଷ୍ଠ ଚିନ୍ତାବିଦ୍ ଓ କବିଙ୍କୁ ହରେଇଛି। କେବଳ ଲାତିନ୍ ଆମେରିକା ନୁହେଁ, ସମସ୍ତ ବିଶ୍ୱକୁ ଏ କ୍ଷତି ବହନ କରିବାକୁ ହେବ।" ଲକ୍ଷଣୀୟ, ଏହି ଅତି ସଂକ୍ଷିପ୍ତ ମୂଲ୍ୟାୟନରେ ଚିନ୍ତାବିଦ୍ ଶବ୍ଦଟି 'କବି'ର ପୂର୍ବରୁ ବ୍ୟବହାର କରାହୋଇଛି ସଚେତନ ଭାବରେ। ପାଜ୍ ନିଃସନ୍ଦେହରେ ଜଣେ ମହାନ କବି, ଯାହାଙ୍କର ଉପମାର ନିର୍ଝର ଏକମାତ୍ର ପାବ୍‌ଲୋ ନେରୁଦାଙ୍କ ସହିତ ତୁଳନୀୟ। ଯାହାଙ୍କର 'ସୂର୍ଯ୍ୟପ୍ରସ୍ତର' ଶୀର୍ଷକ କବିତାରେ ଗୋଟିଏ ଦେଶର ସ୍ପନ୍ଦନ ସପ୍ତସ୍ୱରରେ ଧ୍ୱନିତ, ସର୍ବୋପରି ଯିଏ ନାଗାର୍ଜ୍ଜୁନଙ୍କର 'ଶୂନ୍ୟତା'ର ସୂକ୍ଷ୍ମତର ବ୍ୟଞ୍ଜନାକୁ ବି କବିତାର ସ୍ପର୍ଶରୂପ ଦେବାରେ ସକ୍ଷମ, ତାଙ୍କୁ ମେକ୍ସିକୋର ସର୍ବଶ୍ରେଷ୍ଠ କବିର ଶିରୋପା ଦିଆଯାଇପାରେ ସହଜରେ ହିଁ। କିନ୍ତୁ ଏକଇ ପ୍ରଶ୍ୱାସରେ ଜାଣିବାକୁ ଇଚ୍ଛା ହୁଏ କବି ହିଁ କଣ ସେ ଦେଶର ସର୍ବଶ୍ରେଷ୍ଠ ଚିନ୍ତାବିଦ୍ ?

ଯଦି ପାଜଙ୍କ କବିତାର ମାୟାବନ୍ଧନରୁ ମୁହୂର୍ତ୍ତର ମୁକ୍ତି ନେଇ ଆଖି ଫେରାଇ ନିଆ ହୁଏ ତାଙ୍କର ଗଦ୍ୟ ଆଡ଼କୁ, ଅନେକାଂଶରେ କବିତା ଭଳି ବର୍ଣ୍ଣମୟ ଗଦ୍ୟ, ଉପର୍ଯ୍ୟୁକ୍ତ ପ୍ରଶ୍ନର ଉତ୍ତର ମିଳିଯାଏ ଅଚିରେ ହିଁ। ତେବେ ଏଠାରେ ବି ସମ୍ଭାରର ବୈଚିତ୍ର ବିପତ୍ତି ସୃଷ୍ଟି କରେ। କବି ପାଜ୍ ଗଦ୍ୟରଚନାରେ ବି ଥିଲେ ବିରାମହୀନ ଏବଂ ଯେହେତୁ

ତାଙ୍କର ବିସ୍ମୟକର ପାଣ୍ଡିତ୍ୟର ପରିଧି ନୃତତ୍ତ୍ୱ ଠାରୁ ଦର୍ଶନ, ଶିଳ୍ପରୁ ରାଜନୀତି-ବିଜ୍ଞାନ, ଇତିହାସରୁ ସାହିତ୍ୟତତ୍ତ୍ୱ ପର୍ଯ୍ୟନ୍ତ ପ୍ରସାରିତ, ସେ ହେତୁରୁ ତାଙ୍କର ନିବନ୍ଧରେ ଏକ ବର୍ଣ୍ଣାଢ଼୍ୟ ବିଶ୍ୱଦିଶାର ପ୍ରତିଫଳନ ଘଟେ। ବ୍ୟାଖ୍ୟା, ବିଶ୍ଳେଷଣ, ଚିନ୍ତାର ଝଲକ, ମନନର ଗଭୀରତା, ସୂକ୍ଷ୍ମ ଅନ୍ତର୍ଦୃଷ୍ଟି ଏବଂ ନିର୍ଭିକ ତୁଳନାରେ ସଂବୃଦ୍ଧ ଏଇ ବିଶ୍ୱଦୃଷ୍ଟି ପାଜ୍‌କୁ ବରଣୀୟ ଚିନ୍ତାବିଦ୍‌ର ସ୍ତରକୁ ଉନ୍ନିତ କରେ। ପାଜ୍ ଯଦି ତାଙ୍କର କେବଳ ଗଦ୍ୟହିଁ ରଖି ଯାଇଥାନ୍ତେ, ଆମ ସମୟରେ ଯେମିତି ଭାବରେ ମନେ ରଖିଛୁ, ଥିଯୋଡୋର ଏ୍ୟଡର୍ନୋ ଏବଂ ମେର୍ଲୋ ପନ୍ତିଙ୍କୁ। କବି ପାଜ୍‌ର ରତ୍ନଖଚିତ ଆଭରଣ ଯେମିତି ଏହି ଚିନ୍ତାବିଦ୍‌କୁ କେବେବି ଆଢୁଆଳ କରେନା।

କବି ଓ ଚିନ୍ତାବିଦ୍‌ଙ୍କ ଯାତ୍ରାରମ୍ଭ ଏକାକିତ୍ୱର ଅଭିନ୍ନ ବୃତ୍ତରୁ। ଯେଉଁ ମୋଲେଦାଦ ବାସଲିଚୁଡ୍‌ର ଅଭିଘାତରେ କବି ଲେଖିଥିଲେ "ଆଜି ମୁଁ ଗୋଟିଏ ଶବ୍ଦକୁ ଅସ୍ତ୍ର କରି ଯୁଦ୍ଧରତ। ଏଇ ଶବ୍ଦ ମୋର, ମୁଁ ବି ଏହି ଶବ୍ଦର। **(ଇଗଲ ନା ସୂର୍ଯ୍ୟ)** ସେହି ଏକାକିତ୍ୱର ପ୍ରେରଣାରେ ସେ ଲେଖିଛନ୍ତି "ଦ୍ୟ ଲ୍ୟାକିରିନ୍ଥ ଅଫ୍ ସଲିଚିଉଡ୍" ନାମକ ସ୍ମରଣୀୟ ଗଦ୍ୟଗ୍ରନ୍ଥ। ଏହି ରଚନାର ବିଷୟ ତାଙ୍କର ସ୍ୱଦେଶ ମେକ୍‌ସିକୋର ଜୀବନ ଓ ଚିନ୍ତା। ଏହାର ଅକ୍ଷରରେ ସେ ଆପଣାର ସଙ୍ଗହୀନତାକୁ ମିଶେଇ ଦେଇଛନ୍ତି ତାଙ୍କ ଦେଶବାସୀର ନିଃସଙ୍ଗତା ସହିତ। ଫଳରେ, ଗ୍ରନ୍ଥକୁ ଘେରି ଗଢ଼ି ଉଠିଛି ସମବେତ ଏକାକିତ୍ୱର ପ୍ରାସାଦ ଯାହାର କକ୍ଷରେ, ଦେବାଳରେ, ଅଳିନ୍ଦରେ ଏଇ ଜନଗୋଷ୍ଠିର ଅତୀତ, ବର୍ତ୍ତମାନ, ଭବିଷ୍ୟତ, ଆବେଗ, ଅନୁଭବ, ସଂସ୍କାର, ସ୍ୱପ୍ନ, ସ୍ୱପ୍ନଭଙ୍ଗ, ମେକସିକୋର ମ୍ୟୁରାଲ ଭଳି ହିଁ ଭାସ୍ୱର।

ଏହି କ୍ଲାସିକ୍ ଗ୍ରନ୍ଥ ଭିତରେ ପ୍ରବେଶ କଲେ ନିଷ୍କ୍ରମଣ ପର୍ଯ୍ୟନ୍ତ ନିମଗ୍ନ ପାଜ୍ ଅବ୍ୟାହତ ରହିବେ। ପ୍ରଥମ ପୃଷ୍ଠାର ଏକ ମନ୍ତ୍ରସମ ବାକ୍ୟ ମୂଳ ସୂତ୍ରଟିକୁ ବାଙ୍ମୟ କରି ତୋଳେ "Self discovery is above all the realisation that we are alone." ଏଇ ଆତ୍ମ ଆବିଷ୍କାରର ପଥ ଖନନ କରି ଆଗେଇ ଯାଏ ଗଦ୍ୟ, କେବେ କେମିତି ମଝିରେ ମଝିରେ କବିତାର ଉତ୍ତାପକୁ ବୁକୁରେ ଧରି। ସହଯାତ୍ରୀ ପାଠକର ପାଖରେ ମୂର୍ତ୍ତ ହୋଇ ଉଠେ ମେକ୍‌ସିକୋର ଏକାକୀ ସତ୍ତା, ସେ ଦେଶର ମଣିଷର ମୁହଁ ଓ ମୁଖା ଅର୍ଥାତ୍ ଭିତର ଓ ବାହାର, ରୂପମୟ ମୃତ୍ୟୁ ଚେତନା, ସ୍ମୃତିନିର୍ଭର ଇତିହାସ। ଉପନିବେଶ ପର୍ବ, ବିପ୍ଳବ ଅଭ୍ୟୁତ୍ଥାନ ଏବଂ ସାଂପ୍ରତିକ ସଂଘାତର ଜଟିଳ ପ୍ରବାହ ମଧ୍ୟ ଦେଇ ଏକାକିତ୍ୱର ସ୍ରୋତ ପ୍ରବହମାନ, ତେଣୁ ଶେଷ ପରିଚ୍ଛେଦର ଅଭିନବ ଶିରୋନାମା "ଦ୍ୟ ଡାୟାଲେକ୍‌ଟିକ୍ ଅଫ୍ ସଲିଚିଉଡ୍"।

ଦ୍ୱନ୍ଦ ଠିକ୍ କେଉଁଠି ? କବି-ଦାର୍ଶନିକ ପାଜ୍‌ଙ୍କ ଭାଷାରେ ଇତିହାସର ସଂଘାତ

ବହୁଳ ପରିକ୍ରମାର କେନ୍ଦ୍ରରେ ମଣିଷ ବାସ କରେ ତାର ଏକାକିତ୍ୱକୁ ନେଇ। ବୈପରୀତ୍ୟ ଏଇ ଅବସ୍ଥାନରେ ହିଁ ଯାତ୍ରାପଥର ବୃତ୍ତାୟନ ବି ଚମକପ୍ରଦ। ସୂଚନା ବ୍ୟକ୍ତିର ନିଃସଙ୍ଗ ଚେତନାରୁ; ତାପରେ ସେହି ଚେତନା ପ୍ରସାରିତ ଏକ ଜନଗୋଷ୍ଠି ଭିତରେ; ପରବର୍ତ୍ତି ପର୍ଯ୍ୟାୟରେ ସଙ୍ଗହୀନତାର ଆବହ ଛିନ୍ନ କରିବା ପାଇଁ ସୃଜନ ଆଉ ସଂଗ୍ରାମର ଅବତାରଣା; ଅବଶେଷରେ ପୁଣି ସେହି ବ୍ୟକ୍ତିକୁ ପ୍ରତ୍ୟାବର୍ତ୍ତନ ଯେ ସୃଷ୍ଟିର ନାଭିମୂଳେ ଆଶ୍ରୟ ନେବାକୁ ଉନ୍ମୁଖ।

ଏହି ଚକ୍ରଯାନ ଉପରେ ନୀତ୍‌ସେ, ମିରଚିୟା ଇଲିୟାଦେ, ହୋଲ୍ଡରଲିନ୍, ରିଲ୍‌କେ, ନୋଭାଲିସ୍ଙ୍କର ସୁଯୋଗ୍ୟ ଛାଇ ଆଲୁଅ ପଡ଼ିଛି। ଏମାନଙ୍କ ସ୍ପର୍ଶରେ ଯାତ୍ରା ହୋଇଛି ଆହୁରି ଭାବମୟ। କିନ୍ତୁ ଏକାଧିକ ଉଜ୍ଜ୍ୱଳ ହୋଇ ଉଠିଛି ସର୍ବତ୍ର, କେବେ ବି ମନେହୋଇନି ଏହି ମନସ୍ୱୀ ଅନ୍ୟମାନଙ୍କ ପରିଧାନରେ ନିଜକୁ ଆବୃତ କରିବାରେ ସଚେଷ୍ଟ 'ଦ୍ୟ, ଡେ ଅଫ୍ ଦ୍ୟ ଡେ' ପରିଚ୍ଛେଦର ଶେଷ ପର୍ଯ୍ୟାୟରେ ରାଇନାର ମାରିୟା ରିଲ୍‌କେଙ୍କ 'ଡୁଇନୋ ଏଲିଜି'ର ସାର୍ଥକ ଉଲ୍ଲେଖ ହିଁ ପ୍ରମାଣ କରେ ଯେ, ଏହି ଜ୍ଞାନଭିକ୍ଷୁର ପରିଗ୍ରହଣ କେତେଟା ସ୍ୱକୀୟ। ସେହି ଅମ୍ଳାନ କବିତାର ମାତ୍ର କେତୋଟି ଶବ୍ଦ ବାଛି ନେଇ ଚିନ୍ତାବିଦ୍ ପାଜ୍ ଆଦ୍ୟନ୍ତ ନିଜର ଭାଷାରେ ବୁଝେଇ ଦେଇଛନ୍ତି ରିଲ୍‌କେର 'Open' କେଉଁ ପ୍ରାନ୍ତର, ସେଠାରେ କଣ ଘଟେ। ପାଜ୍‌ଙ୍କ ଗଦ୍ୟରେ ଝଲକି ଉଠୁଥିବା ଏହି ସବୁ ଉଦ୍ଧୃତି ହୋଲ୍ଡରଲିନଙ୍କ କବିତାର ବିରୋଧାଭାସ, ଇୟେଟ୍‌ସଙ୍କ ସ୍ୱପ୍ନର ଭୟାବହତା, ହସେ ଅରତେଗାଇ ଗାସେତେ-ଙ୍କ ବିୟୋଗାନ୍ତ ଦର୍ଶନ ବୁଝିବାରେ ସାହାଯ୍ୟ କରେ। ପରିଗ୍ରହଣ କ୍ଷେତ୍ରରେ ଏପ୍‌ସଟେସ ବିଶ୍ଳେଷଣ ଜ୍ଞାନ ଦୀପିକା। ପେଶାରେ କୂଟନୀତିବିଦ୍ ପାଜ୍ ନିଜକୁ ଦର୍ଶନ ଓ କବିତାର ସମର ପ୍ରାସାଦରେ ଆବଦ୍ଧ ରଖି ନାହାନ୍ତି। ଏକ ହିଁ ପୁସ୍ତକର ଏକାଧିକ ପରିଚ୍ଛେଦରେ ସେ ସ୍ୱଦେଶର ନିଖାଦ ରାଜନୈତିକ ଇତିହାସର ଯେଉଁ ବିଶ୍ଳେଷଣ କରିଛନ୍ତି ତାହା ଅନେକ ପେଶାଦାର ଇତିହାସବିଦ୍‌ମାନଙ୍କ କଲମ ମୂନରେ ଧରା ପଡ଼ିବ ନାହିଁ। କବିଙ୍କ ନିକଟକୁ ପୁନରାୟ ଫେରି ଯାଉଛି, ଆମ ଇତିହାସଚର୍ଚ୍ଚା ପାଇଁ।

ମେକ୍ସିକୋ ଅତିକ୍ରମ କରି ପାଜ୍ ବିଶ୍ୱରେ ପ୍ରବେଶ କରନ୍ତି। ୱାନ୍ ଆର୍ଥ ଫର୍ ଆଓଆର୍ ଫାଇଭ୍ ୱର୍ଲ୍ଡ୍‌ସ ପୁସ୍ତକଟିରେ। ସାଂପ୍ରତିକ ଇତିହାସକୁ ସୂକ୍ଷ୍ମ ଦୃଷ୍ଟିରେ ପରଖି ଦେଖନ୍ତିନି ନିର୍ମୋହ ଦୃଷ୍ଟିରେ, ରିହାତି ଦିଅନ୍ତିନି କାହାକୁ ଅଥବା କୌଣସି ମତାଦର୍ଶକୁ। ପ୍ରକୃତ ପକ୍ଷରେ ସମାଜ ଓ ରାଜନୀତିର ଭାଷ୍ୟକାର ହିସାବରେ ବି ପାଜ୍ ଏକାନ୍ତ ଭାବରେ ଏକା। ପ୍ରଥମ ପର୍ବରେ ମାର୍କସଙ୍କ ମାନବବାଦ ପ୍ରତି ତାଙ୍କର ଅଙ୍ଗୀକାର ଅତୁଟ, କିନ୍ତୁ ଏହି ତତ୍ତ୍ୱରେ ବି ଦର୍ଶନର ପ୍ରଚଣ୍ଡ ବିଚ୍ୟୁତି ଓ ବିକୃତ ପ୍ରୟୋଗ ତାଙ୍କୁ

ଭାବାଦର୍ଶ ସଂପର୍କରେ ସନ୍ଦିହାନ କରି ତୋଳେ। ଅନ୍ୟ ଦିଗରେ ବ୍ୟକ୍ତି ସ୍ୱାଧୀନ ଗଣତନ୍ତ୍ର ନାମରେ 'ଇମ୍‌ପେରିୟଲ ଡେମୋକ୍ରାସିର ଆଗ୍ରାସନ ତାଙ୍କ ପାଖରେ ଅସହନୀୟ'। ବିଶେଷ ଭାବରେ, ଏକନାୟକ ଅଧ୍ୟୁଷିତ ଲାତିନ ଆମେରିକାର ଦେଶଗୁଡ଼ିକରେ ମାର୍କିନ ଯୁକ୍ତରାଷ୍ଟ୍ରର ଭୂମିକାର ସେ ତୀବ୍ର ବିରୋଧୀ। ଏହି ଦେଶ ପାଜ୍‌ଙ୍କ ଦୃଷ୍ଟିରେ, " Is underminded by a suicidal hedonism, dazed by the ranting of demagogues."

ପାଜ୍ ତେବେ କେଉଁ ବିଶ୍ୱର ଅଧିବାସୀ ? କୌଣସି ନିର୍ଦ୍ଦିଷ୍ଟ ଜଗତରେ ହିଁ ସେ ଆସ୍ୱସ୍ତି ଲାଭ କରି ନାହାନ୍ତି। ତଦୁପରି, ଯେହେତୁ କୌଣସି ବିଶ୍ୱର ନ୍ୟୁନତମ ସେ 'ମିନିମା ମରାଲିୟା'ର ଲେଖକ। ଏ୍ୟଡର୍ନୋର ଭଳି ନୋ ମ୍ୟାନ୍‌ସ ୱ୍ୱର୍ଲ୍ଡରେ ନିର୍ବାସିତ। ସେହି ସ୍ୱେଚ୍ଛା ନିର୍ବାସନର ସେ ଅଙ୍ଗୀକାର ଘୋଷଣା କରିଛନ୍ତି ସାମାଜିକ ଗଣତନ୍ତ୍ର ବା ସୋସିଆଲ ଡେମୋକ୍ରେସି ପ୍ରତି। ଏହି ମାନବିକ ଗଣତନ୍ତ୍ରରେ ସାମ୍ୟଚେତନା ଆର୍ଥିକ ବୈଷମ୍ୟ ହ୍ରାସ କରିବ ଏବଂ ସଂଳାପ ଅକ୍ଷୁନ୍ନ ରଖିବ ଶାନ୍ତି, ଖୁବ୍ ଅନାବିଳ ତାଙ୍କର ଏହି ମନ୍ତ୍ର। Democracy is dialogue and dialogue paves the way for peace...dialogue keeps us for denying ourselves and from denying the humanity of our adversary. "

ଜାଁ ପଲ ସାର୍ତ୍ରେଙ୍କ ସଙ୍ଗରେ ଏହି ଅଭିଷ୍ଟ ସଂଳାପ ବେଶି ଦୂର ଆଗେଇ ନାହିଁ। ସାର୍ତ୍ରେ ସଂପର୍କରେ ଲେଖିବାକୁ ଯାଇ ପାଜ୍ ଦାବି କରିଛନ୍ତି ଯେ, ରାଜନୈତିକ ବିତର୍କରେ ଭରା ସେମାନଙ୍କ ଶେଷ ମତ ବିନିମୟ ମହିମା ସ୍ଥଗିତ ହୋଇଯାଏ ସିମନ ଦ୍ୟ ବୁଭୋୟାଙ୍କ ତ୍ୱରିତ ହସ୍ତକ୍ଷେପରେ। ମାର୍କ୍ସୀୟ ଅସ୍ତିତ୍ୱବାଦୀମାନଙ୍କ ବିରୁଦ୍ଧରେ ପାଜ୍‌ଙ୍କର ଅଭିଯୋଗ ଦିବାଲୋକ ପରି ସ୍ୱଚ୍ଛ-କାହିଁକି ଏହି ବିବେକବାନ ମଣିଷଟି କେବଳ ସାମ୍ରାଜ୍ୟବାଦର କଠୋର ସମାଲୋଚକ ରହିଗଲେ ? ସବୁ ଜାଣିବା ସତ୍ତ୍ୱେ ବି କାହିଁକି ସେ ସୋଭିୟେତ ସାମ୍ରାଜ୍ୟବାଦ ବିରୁଦ୍ଧରେ ନୀରବ, ନିରପେକ୍ଷ ପାଜ୍ ଏହି ଅଭିଯୋଗରେ ସୀମିତ ନରହି ସାର୍ତ୍ରଙ୍କ ଯେଉଁ ସାମଗ୍ରିକ ମୂଲ୍ୟାୟନ କରିଛନ୍ତି ତାର ସଂବେଦନା ଘୋର ସାର୍ତ୍ରେ ଅନୁଗାମୀମାନଙ୍କୁ ବି ସଚକିତ କରେ। ନିବନ୍ଧର ଶେଷରେ ଏକ ସଂପୂର୍ଣ୍ଣ ଅପ୍ରତ୍ୟାଶିତ ତୁଳନାର ସାହାଯ୍ୟରେ ସେ ମିଲଟନ ଏବଂ ସାର୍ତ୍ରେଙ୍କୁ ଗ୍ରଥିତ କରନ୍ତି। କାରଣ, ଉଭୟ ହିଁ ଅତ୍ୟଧିକ ଗୁରୁତ୍ୱ ଆରୋପ କରିଥିଲେ 'Choice' ଉପରେ। ଦୁହିଁଙ୍କର ହିଁ ସ୍ୱପ୍ନ ଏକ ନିଷ୍ପାପ ମୁକ୍ତିର ପୃଥିବୀ, କିନ୍ତୁ ମିଲଟନ୍ ଯେଉଁଠି ନିୟତିର ନିୟନ୍ତ୍ରଣ ମାନିବାରେ ରାଜି, ସାର୍ତ୍ରେ ସେଠାରେ ତାଙ୍କର ସୃଷ୍ଟ ନାରୀପୁରୁଷମାନଙ୍କ ପରି ହିଁ ବିଚ୍ଛିନ୍ନ ଏକା, ଈଶ୍ୱରହୀନ। ପାଜ୍‌ଙ୍କର ହସ୍ତକ୍ଷେପରେ ହିଁ

ପାରାଡାଇଜ ଲଷ୍ଟ୍‌ର ସେହି ଅମୋଘ ପଙ୍‌କ୍ତି ବହୁଯୁଗ ପାରେଇ ଅସ୍ତିତ୍ୱବାଦର ମନ୍ତ୍ରରେ ପରିଣତ ହୁଏ: The World was all before them, where to choose."

ଗ୍ରନ୍ଥଟିର ଅନ୍ୟାନ୍ୟ ପ୍ରବନ୍ଧରେ ପାଜ୍‌ଙ୍କର ନନ୍ଦନ ଚେତନାର ବ୍ୟାପ୍ତି ଓ ଗଭୀରତା ବହୁ ସ୍ୱଚ୍ଛାଲୋକିତ ପ୍ରାନ୍ତର ଉଜ୍ଜ୍ୱଳ କରିତୋଳେ। ସେ କୌଣସି ପୂର୍ଣ୍ଣାବୟବ ନନ୍ଦନ ଉପହାର ଦେଇ ନାହାନ୍ତି ଠିକ୍ ହିଁ, ତା ସତ୍ତ୍ୱେ ବି ଗୋଟାଏ ଗୋଟାଏ ଝଲକ ଚିନ୍ତାକୁ ଉସ୍କାଇ ଦିଏ। ଆହୁରି ସ୍ୱଷ୍ଟ ଭାବରେ କହିଲେ, ଅର୍ତ୍ତେଗା-ରାସେତ ସଂପର୍କରେ ପାଜ୍ ଯେଉଁ ଉକ୍ତିଟି କରିଛନ୍ତି ତାହା ତାଙ୍କ କ୍ଷେତ୍ରରେ ସମଭାବରେ ପ୍ରଯୁଜ୍ୟ, "He touched on an astonishing diversity of themes...to read him is also to linger before this or that idea, to put the book aside and risk thinking on one's own account." ମାତ୍ର କେତୋଟି ଗ୍ରନ୍ଥର ଉଲ୍ଲେଖ କରାଯାଇଛି ଏହି ସ୍ୱଳ୍ପ ପରିସରରେ। ଆହୁରି ରହିଛି - ଯେଉଁଠି ଶବ୍ଦର ମହିମା, ସ୍ମୃତିର ଗୌରବ, ଇତିହାସର ସୀମା ଇତ୍ୟାଦି ବିଷୟରେ ଆଲୋଚିତ ଆବେଗ ଓ ଯୁକ୍ତିର ଯୁକ୍ତାକ୍ଷରରେ।

ଅକ୍ତାଭିଓ ପାଜ୍ ନିର୍ଜନତାର ଗୋଲକ ଧନ୍ଦାରେ ସୂର୍ଯ୍ୟଶିଳା

କବିତା ହେଲା ଅନ୍ୟ ଏକ ସ୍ୱର। ଇତିହାସ ବା ପ୍ରତିଇତିହାସର ସ୍ୱର ନୁହେଁ, କିନ୍ତୁ ସେହି ସ୍ୱର ଯାହା ଇତିହାସରେ ସବୁ ସମୟରେ ହିଁ ଅନ୍ୟ କିଛି କହିଛି। ସବୁ ସମୟରେ ଆମର ବର୍ତ୍ତମାନ ଇତିହାସ ମଧ୍ୟରେ ବି ଅକ୍ତାଭିଓ ପାଜ୍ ଅନ୍ୟ ସ୍ୱରରେ ଅନ୍ୟ କିଛି କହିଛନ୍ତି। ଲାଟିନ୍ ଆମେରିକାର ସାହିତ୍ୟରେ ପାଜ୍ ଆଜି ନିଶ୍ଚିତ ଭାବରେ ପ୍ରବାଦ ପ୍ରତିମ କବି, ପ୍ରକୃତି ପ୍ରେମିକ ଗଦ୍ୟକାର। ପାବ୍‌ଲୋ ନେରୁଦା, ଅର୍ତେଗା ରାସେତ, ଉନାନୁମର ପାଖରେ ହିଁ ତାଙ୍କର ସ୍ଥାନ। ଏକଇ ଆତ୍ମା ଓ ଶରୀରରେ ସେ ସତ୍ୟର ଉପାସକ। ଅପରାଧ ଶୂନ୍ୟତାର ସନ୍ଧାନରେ ସେ ବୁଲି ଆସନ୍ତି ନାନା ଉପଲବ୍ଧିର ପଥ। ସମୟର ମଧ୍ୟରେ ହିଁ ସେ ଖୋଜି ପାଆନ୍ତି ପ୍ରେମ, ଭଲ ପାଇବା। ପ୍ରଥାଗତ ଧାରଣାର ବାହାରେ, କବିତାର ପ୍ରକୃତି ମଧ୍ୟରେ ସେ ଶୁଣିପାରନ୍ତି ଅନ୍ୟ ସ୍ୱରର ସ୍ପନ୍ଦନ। ଆଁନ୍ଦ୍ରେ ବ୍ରଁତାଙ୍କ ସଙ୍ଗେ ସର୍‌ରିୟାଲିଷ୍ଟ ଆନ୍ଦୋଳନରେ ଯୋଗଦେଲେ ସେ। କେବଳମାତ୍ର ଜଣେ ସର୍‌ରିୟାଲିଷ୍ଟ କବି ଏ ରକମ ଅବିଧା ତାଙ୍କୁ ଦେଲେ କିନ୍ତୁ ଚଳିବ ନାହିଁ। ସପ୍ତଦଶ ଶତାବ୍ଦୀର ସ୍ପାନିଶ ବାରୋକ କବିତା; ଯାହାର ନେତୃତ୍ୱରେ ଥିଲେ ଗଂଗୋରା, କୁୟେଭେଦୋର୍ ଭଳି କବିଗଣ, ସେମାନେ ତାଙ୍କୁ ପ୍ରଭାବିତ କରନ୍ତି। ତାଙ୍କର ବିଖ୍ୟାତ "ଧ୍ୱଂସର ମଧ୍ୟରେ ସ୍ତୋତ୍ର" କବିତାଟି ଆରମ୍ଭ ବି ହୋଇଛି ଗଂଗୋରାଙ୍କ କବିତାର ଲାଇନ୍‌ର ଉଦ୍ଧୃତି ଦେଇ। ଏହି ଶତାବ୍ଦୀର କବିମାନଙ୍କ ମଧ୍ୟରୁ ଜର୍ଜ ଗିଲେନ ବ୍ୟତୀତ ବନ୍ଧୁ ଲୁଇସ୍ ସେରନୁଦାଙ୍କ ପ୍ରଭାବ ବି ତାଙ୍କ ମଧ୍ୟରେ ଅପରିସୀମ। ସେରନୁଦାଙ୍କ ପକ୍ଷପାତରେ ହିଁ ସେ ଆଗ୍ରହୀ ହୋଇଛନ୍ତି ଫରାସି ସାହିତ୍ୟ ସଂପର୍କରେ। ଗୀୟୋମ ଆପଲିନେର, ପିୟେର ରେଭାର୍ଦି, ଆଁନ୍ଦ୍ରେ ବ୍ରଁତାଙ୍କର ମାନସିକ ସ୍ୱୟଂସିୟତାର ଜଗତରେ ତାଙ୍କର ପ୍ରବେଶ ଘଟେ। ସେ ବୁଝି ପାରନ୍ତି କେବଳ ମାତ୍ର ଯୁକ୍ତି ଦ୍ୱାରା ପ୍ରଭାବିତ ହୋଇ କବିତା ବେଶି ଦୂର ଆଗେଇ ପାରେନା। କୌଣସି ପ୍ରକାର ନୈତିକ ବା ନନ୍ଦନତାତ୍ତ୍ୱିକ ଅଭିନିବେଶର ବାହାରେ କବିତାର ଗତି ପ୍ରକୃତି ଯଥାର୍ଥ ମୁକ୍ତି ପାଏ। ଅନ୍ୟ ଦିଗରେ

ମାର୍କସବାଦର ପ୍ରଭାବରେ ସେ ବୁଝି ପାରିଲେ ଯେ ତାଙ୍କୁ ପ୍ରବେଶ କରିବାକୁ ହେବ ଅନ୍ୟ ମଣିଷର ଜୀବନରେ, ସମଷ୍ଟିଗତ ଜୀବନର ଗଭୀର ନିର୍ଜନରେ। ନାନା ବିପରୀତମୁଖୀ ଚିନ୍ତାର ସ୍ରୋତ ତାଙ୍କୁ ଆଲୋଡ଼ିତ କରେ ମୁହୂର୍ମୁହୁଃ, ପ୍ରଥାଗତ କର୍ମ ଓ ଭାଷାରୀତିର ବନ୍ଧନର ସେ ଚାହାନ୍ତି ସର୍ବକାଳୀନ ମୁକ୍ତି। ଗୋଟିଏ ଚିନ୍ତାରୁ ଅନ୍ୟ ଏକ ଚିନ୍ତାର ସ୍ରୋତରେ ବାରମ୍ବାର ତାଙ୍କର ସଞ୍ଚାର ପଥ ଅପସରି ଯାଇଛି। ପ୍ରେରଣାର ନୀଳାଗ୍ନି ସେ ପାଇଛନ୍ତି ନାନା ଗୁଣିଜନଙ୍କ ପାଖରୁ; ବ୍ଲେକ୍, କଲେରିଜ, ଜର୍ମାନ ରୋମାଣ୍ଟିକ୍ କବିଗଣ, ନୋଭାଲିସ୍। ଏମିତି କି ଡେଫୋଡିଲ୍ସର ରୂପମୁଗ୍ଧ କବି ଓ୍ୱର୍ଡ଼ସ୍ୱର୍ଥଙ୍କ କବିତା ମଧ୍ୟରେ ବି ସେ ଖୋଜି ପାଇଛନ୍ତି ସାଂପ୍ରତିକ କବିତା ଲେଖାର ଉପାଦାନ। ଫରାସୀ ପ୍ରତୀକୀବାଦୀ କବିମାନେ ବି ତାଙ୍କ ଉପରେ ପ୍ରଭାବ ବିସ୍ତାର କରିଛନ୍ତି। ବିଶେଷତଃ ନେର୍ଭାଲ, ବୋଦଲେୟାର, ର୍ୟାଁବୋ ଓ ମାଲାର୍ମେ ର୍ୟାଁବୋ ଭଳିହିଁ ପାଜ୍ ଯେଉଁ ନିର୍ମଳ ଉପଲବ୍ଧିରେ ପହଞ୍ଚନ୍ତି, ସେଠାରେ ଏକ ଆତ୍ମାରେ ସଶରୀରରେ ସତ୍ୟର ଆବିର୍ଭାବ ଘଟେ। ଏଲିୟଟ୍‌ଓ ମାଲାର୍ମେଙ୍କର କବିତା ମଧ୍ୟରେ ଯେଉଁ ଶୂନ୍ୟତା ଓ ସଂଗୀତ ଏକ ବିଶେଷ କଂପୋଜିସନ ତିଆରି କରେ ତାହା ସେ ଲକ୍ଷ୍ୟ କରିଛନ୍ତି। ସମୟର ସମୟହୀନତା ମଧ୍ୟରେ ପ୍ରବେଶ ଏବଂ ସମୟର ବାହାର ଓ ଭିତର ମୁହୂର୍ତ୍ତର ଉପଲବ୍ଧି ପାଜ୍‌ଙ୍କର କବିତାରେ ଏକ ନୂତନ ମାତ୍ରା ନେଇ ଆସିଛି। ତାଙ୍କ କବିତାରେ ବାରମ୍ବାର ସମୟ, ଶୂନ୍ୟତା, ସମୟର ଯୌନତା ପ୍ରସଂଗ ଫେରି ଆସିଛି:

"ମୁଁ ଜୀବନ ଏମିତିକି ମୃତ୍ୟୁ ପାଇ ବି କ୍ଷୁଧାର୍ତ୍ତ
ମୁଁ ଜାଣେ ମୁଁ ଯାହା ଜାଣେ ଆଉ ଲେଖେ ତାହା ସମୟର
ମୂର୍ତ୍ତ-ଆବିର୍ଭାବ
କାର୍ଯ୍ୟତଃ
ଆନ୍ଦୋଳନ ଯାହା ମଧ୍ୟରେ ସମଗ୍ର ସତ୍ତା
ପଥରରେ ଖୋଦେଇ ହୁଏ ଏବଂ ଧ୍ୱଂସ ହୁଏ। **(ବୃନ୍ଦାବନ)**

ଭାରତ ଓ ଜାପାନ ଭ୍ରମଣର ଫଳ ସ୍ୱରୂପ ପ୍ରାଚ୍ୟ ସଂସ୍କୃତିର ପ୍ରଭାବରେ ତାଙ୍କର କବିତା ସଂଯତ ଓ ମିତବାକ ହୋଇ ଆସିଛି। ଏକଦା ଚାର୍ଲସ୍ ଟମ୍ଲିନସନ୍, ଜ୍ୟାକ ସ୍ଟୁବାର୍ଡ, ଏହୁୟାର୍ହୋ... ଓ ଗୁନେଟିଙ୍କ ସଙ୍ଗେ ଜାପାନି ରେନଗାଁ କବିତାର ଅନୁସରଣରେ ସେ ଲେଖନ୍ତି ଏକ ଗୁଚ୍ଛ କବିତା। ଅନେକ ସମୟରେ ଯାହା ହାଇକୁ ବା ଜେନ କବିତା ଭଳି ଗୋଟିଏ ଦୁଇଟି ଅନୁଭୂତିର ପ୍ରକାଶ ବା ଉପଲବ୍ଧି ହୋଇ ଉଠିଛି :

"କାଲି ରାତିରେ ଆ୍ୟାଶଗଛଟି
କଣ ଯେମିତି କହିବାକୁ ଚାହିଁବି

କହିଲା ନି। **(ଦୂରର ପ୍ରତିବେଶୀ)**
ଯଦି ମଣିଷ ହୁଏ ଧୂଳିକଣା
ଯିଏ ସମତଳର ଉପରେ ଚାଲି ଯାଏ
ସେମାନେ ବି ମଣିଷ। **(ଅପଛାୟା)**

ମଧ୍ୟଯୁଗର ସ୍ପାନିଶ କବିତାରୁ ଅପସରି ଆସି ଜାପାନି କବି ବାଶୋର ଭଳି ସେ ହାଇକୁ ଲେଖିବାକୁ ଚାହିଁଛନ୍ତି। ବୌଦ୍ଧ ଧର୍ମ ଓ ଦର୍ଶନ ଏବଂ ହିନ୍ଦୁ ସଂସ୍କୃତିର ପ୍ରଭାବ ଏକ ସୁଦୂର ପ୍ରସାରୀ ବ୍ୟାପ୍ତି ଦେଇଛି ତାଙ୍କର କବିତାକୁ। ସେ କୌଣସି ବିଶେଷ ଚିନ୍ତା ବା ଆନ୍ଦୋଳନ ପାଖରେ ଆତ୍ମସମର୍ପଣ କରି ନାହାନ୍ତି। ପାଜ୍ ମନେ କରନ୍ତି କବିମାନେ କେବେ ବି ଭୟ ବା ଭଲ ପାଇବାର କଥା କହନ୍ତି ନାହିଁ, ବରଂ ତାହା ଦେଖେଇ ଦିଅନ୍ତି। ଯେ କୌଣସି ଶବ୍ଦରେ ସବୁ ସମୟରେ ହିଁ ସେ ନୂତନ ଅର୍ଥର ସନ୍ଧାନ କରନ୍ତି। ଯେଉଁ ଅର୍ଥ ଉପରେ ତାଙ୍କର କବିତାର ନିଜସ୍ୱ ନିର୍ମାଣ ଓ ଅସ୍ତିତ୍ୱ:

'ମୁଁ ଇତିହାସ
ସ୍ମୃତି ଯାହା ନିଜକୁ ଆବିଷ୍କାର କରୁଛି
ମୁଁ କେବେ ଏକା ନୁହେଁ
ମୁଁ ସବୁ ସମୟରେ ତୁମ ସଙ୍ଗରେ କଥା କୁହେ
ତୁମେ ସବୁ ସମୟରେ ମୋ ସହିତ କଥା କହ
ମୁଁ ଅନ୍ଧକାରରେ ପ୍ରବେଶ କରେ
ରୋପଣ କରେ ଚିହ୍ନ। **(ବୃନ୍ଦାବନ)**

ପାଜ୍‌ଙ୍କ ନିକଟରେ ପ୍ରେମ, ଭଲପାଇବା, ସ୍ୱାଧୀନତା ଓ କବିତା ଥିଲା ସମାର୍ଥକ ଶବ୍ଦ। ତାଙ୍କର ପ୍ରଥମ ଲେଖା କବିତାରେ କଳ୍ପନାର ପ୍ରସାରଣ ଥିଲେ ବି ବିଶ୍ୱାସର ଗଭୀରତା ନଥିଲା। ଏହି ସମୟର କବିତାରେ ମୁଖ୍ୟତଃ ପ୍ରାଧାନ୍ୟ ପାଇଛି ଉତ୍ତେଜକ ଯୌନତା, ନିଃସଙ୍ଗତା ଓ ଅସ୍ଥିରତା। 'ଆଇନା' କବିତାରେ ସେ ଲେଖିଛନ୍ତି: ମୁଁ ନିଜେ ନିଜେ ହିଁ ବୁଡ଼ି ଯାଉଛି ତଥାପି ସ୍ପର୍ଶ କରୁନାହିଁ ନିଜକୁ। ଏକ ଯୁଗ ପରେ 'ପକ୍ଷୀ' କବିତାରେ ଏକଇ ରକମର ଆର୍ତି। ନୈଃଶବ୍ଦର ସ୍ୱଚ୍ଛତାରେ ମନରେ ନଇଁ ଆସେ ଶାନ୍ତ ସକାଳର କାକଳି, ନିଃସୀମରେ ଭାସି ଚାଲେ ଯଦିଓ ତାହା ମୃତ୍ୟୁର ସଙ୍ଗେ। ସରରିୟାଲିଷ୍ଟ୍ କବିମାନଙ୍କ କବିତାରେ ଯେଉଁ ଜୀବନ ଯନ୍ତ୍ରଣା ଓ ଶୂନ୍ୟତାବୋଧ ଛାୟାପାତ କରେ, ପାଜ୍‌ଙ୍କ କବିତାରେ ତାହା ସଂପୂର୍ଣ୍ଣ ଏକ ନୂତନ ମାତ୍ରା ଓ ରହସ୍ୟମୟତା ନେଇ ଆସେ। ସେ ତାଙ୍କର ନିଜସ୍ୱ ଚିତ୍ରକଳାରେ

ଚିନ୍ତାର ପ୍ରବହମାନତାର ସାଜୁଜ୍ୟ ନେଇ ଆସନ୍ତି। ସେଠାରେ ଚକ୍ଷୁ ଗୋଟାଏ ବଡ଼ ଭୂମିକା ଗ୍ରହଣ କରେ। ସବୁ କିଛିର ଉତ୍ସ ଚକ୍ଷୁ। ଯେ କୌଣସି ସଙ୍କୁଚିତ ସ୍ୱାଧୀନତା ସେ ଚକ୍ଷୁର ପ୍ରବାହମାନତାରୁ ମୁକ୍ତି ପାଏ। ଗୋଧୂଳି ଅପେକ୍ଷା ଚିରନ୍ତନ ହୋଇ ଉଠେ ଉଷା, ପଥର ଅପେକ୍ଷା ବୃକ୍ଷ, ନକ୍ଷତ୍ର ରଚନାରେ କି ମାଗଦୋଙ୍କ ଭଳି ଶିଥିଳ ଫର୍ମରେ କବିତା ଲେଖିବାରେ ପାଜ୍ ଅପ୍ରତିହତ।

୧୯୪୮ ରୁ ୧୯୫୪ ପାଜ୍ ତାଙ୍କ ନିଜସ୍ୱ ଶୈଳୀରେ କବିତା ଲେଖିବା ଆରମ୍ଭ କରନ୍ତି। ମେକ୍ସିକୋର ନିର୍ଜନତାର ଗୋଲାକଧନ୍ଦାରୁ ବାହାରି ଆସି ସୂର୍ଯ୍ୟଶିଳାର ଆଲୋକରେ ନିଜକୁ ସୁପ୍ରତିଷ୍ଠିତ କରନ୍ତି। ୧୯୪୯-୧୯୫୦ ରେ ଲିଖିତ ଇଗଲ ଓ ସୂର୍ଯ୍ୟର ଗଦ୍ୟଧର୍ମି କବିତାଗୁଡ଼ିକରେ ତାଙ୍କର ଆତ୍ମିକ ସଙ୍କଟର କଥା ଯେମିତି ଅଛି, ସେମିତି ରହିଛି ମୁକ୍ତିର କଥା:

"କେଉଁଠି ମାଟି ଉଖାରି ଆମେ ବାହାର କରିବୁ ଶବ୍ଦ,
ସ୍ତୋତ୍ର ଭାଷାକୁ ନିୟନ୍ତ୍ରଣ କରେ
ଯେଉଁ ସବୁ ସଂପର୍କ

x x x x

ମେକ୍ସିକୋର ସଂଗୀତ ବିଦୀର୍ଣ୍ଣ ହୁଏ ଅଭିଶାପରେ
ଏକ ରଗିଂନ ନକ୍ଷତ୍ର ଲିଭିଯାଏ
ଗୋଟାଏ ପଥର ଆଢୁଆଳ କରେ ଆମ ସଂପର୍କର
ପରଦା। **(ଧ୍ୱଂସର ମଧ୍ୟରେ ସ୍ତୋତ୍ର)**

ଅପ୍ରଶମ ନିଷେଧର ମଧ୍ୟ ଦେଇ ଯେଉଁଠି ଆରମ୍ଭ ହୋଇଛି ଇଗଲ ଅଥବା ସୂର୍ଯ୍ୟ ? ଜନ୍ମ ଦେବାର ଚିତ୍ରକଳ୍ପରେ ତାହା ଶେଷ ହୋଇଛି। ଇୟେ ଯେମିତି ପାଜ୍‌ଙ୍କର ମୂଳକୁ ପ୍ରତ୍ୟାବର୍ତ୍ତନ। ପ୍ରେରଣାର ଅଦୃଶ୍ୟ ସ୍ତୋତ୍ର ପ୍ରବାହିତ ତାଙ୍କର ରକ୍ତରେ। ୧୯୫୩ରେ ସେ ଲେଖିଥିଲେ ଏକ ଦୀର୍ଘ କବିତା 'ନଦୀ' ଏବଂ ୧୯୫୫ରେ 'ଭଙ୍ଗା ଜଳପାତ୍ର'। ଏ ଉଭୟ କବିତାରେ ଆଖି ଏକ ବିରାଟ ଭୂମିକା ନେଇଛି।

"କବିତାରେ ମଧ୍ୟ ମୋତେ ଢାଙ୍କି ନିଏ
ଏକ ବିରାଟ ଅବସାଦବୋଧ,
ସବୁ କିଛି ମୋତେ ଛାଡ଼ି ଯାଏ,
ସେଠି କେହି ନାହିଁ, ମୋ ପାଖରେ
ଏମିତି କି ସେହି ଆଖି ଯୋଡ଼ିକ
ପଛରୁ ଯିଏ ଚାହିଁ ଦେଖୁଥିଲା ମୁଁ କଣ ଲେଖେ। **(ନଦୀ)**

ପାଜ୍‌ଙ୍କର ସାଂପ୍ରତିକ କବିତାଗୁଡ଼ିକ ଗ୍ରୀକ୍ ଏପିଟାଫ୍ ଭଳି। ପୁନର୍ଜନ୍ମର ମିଥ୍‌ରେ ତାଙ୍କର ଏବେବି ରହିଛି ପ୍ରବଳ ବିଶ୍ୱାସ। ସେ ମନେକରନ୍ତି : ମୃତ୍ୟୁମାନେ ହିଁ ପୁନରାଗମନ, ପୁନରାୟ ଫେରି ଆସିବା। ୧୯୭୫ରେ ଲେଖା ଛାୟାର ଖସଡ଼ାରେ ପାଜ୍ ଫେରି ଯାଇଛନ୍ତି ଶୈଶବକୁ, ଫେରି ଯାଇଛନ୍ତି ଶୈଶବର ପ୍ରିୟ ଡିମିରି ଗଛ ପାଖକୁ। ଅସ୍ତିତ୍ୱ ବ୍ୟତିରେକେ ହିଁ ଅସ୍ତିତ୍ୱର ସଂପୂର୍ଣ୍ଣତାକୁ ଫେରିବାକୁ ଚାହାଁନ୍ତି ପାଜ୍। ଏ ବ୍ୟାପାରରେ ଏକମାତ୍ର ପାଜ୍ ହିଁ କହି ପାରନ୍ତି: ଯେଉଁଠି ମୁଁ ଥିଲି ମୁଁ ଅଛି। ପାଜ୍‌ଙ୍କର ବିଷାଦ ଗାଥା ତେଣୁ ଜୀବନ ପାଖକୁ ଫେରି ଆସେ। "ମୃତମାନେ ମୂକ / କିନ୍ତୁ ସେମାନେ ବି କଥା କହନ୍ତି / ଯେମିତି ଆମେ କହୁଛୁ।"

ପାଜ୍‌ଙ୍କ କବିତାର ଗୋଟିଏ ଦିଗରେ ଯେମିତି ଅଛି ବିରାଟ ଆନ୍ତର୍ଜାତିକ ପ୍ରେକ୍ଷାପଟ, ଅନ୍ୟ ଦିଗରେ ତାଙ୍କର ଆତ୍ମାର ଗଭୀରରେ ଅଛି ସେଇ ଡିମିରି ଗଛ, ସ୍ୱଚ୍ଛ ଜଳ ସଦୃଶ ଆଇନା। କୌଣସି ସ୍ଥିର ବିନ୍ଦୁରେ ଠିଆ ହୋଇ ନାହାନ୍ତି ପାଜ୍। ତାଙ୍କର ଆଖି ସାମ୍ନାରେ ଏକେ ଏକେ ଚିତ୍ରକଳ୍ପ ଅପସରି ଯାଏ। ମୁହଁ ଢାଙ୍କି ଦିଏ କଥା। ସଂବେଦନଶୀଳ ଓ ମାନବତା ତାଙ୍କର ପ୍ରଧାନ ଅସ୍ତ୍ର।

ଅଳିନ୍ଦ

ରାତ୍ରି ମଧ୍ୟଯାମ
ନିସ୍ତବ୍ଧତା
ଶତାବ୍ଦୀରେ ବ୍ୟାପକ ପବନ ନୁହେଁ
ନୁହେଁ ଅବିଚଳ ବିଶ୍ୱାସ ହୋଇ
ପ୍ରଦୀପଶିଖାର କେନ୍ଦ୍ରରେ
                    ହୋଇଯିବା ସ୍ଥିର
ଦିଲ୍ଲୀ
ଉଚ୍ଚାରଣରେ କେବଳ
                    ଦୀର୍ଘ ଦୁଇଟି ଧ୍ୱନି
ଯାହାକୁ ଘେରିଛି ଅନିଦ୍ରା ଆଉ ବାଲି
ସେମାନଙ୍କ ନିଭୃତ ସ୍ୱରରେ
              କିଛି ହିଁ ବଳି ପଡ଼େନା
କେବଳ ସମୟ ଗଡ଼ିଯାଏ,
                    ବ୍ୟାପ୍ତ ହୁଏ
ବର୍ତ୍ତମାନ ଏଠାରେ ଗ୍ରୀଷ୍ମ
              ଯେଉଁ ଉଚ୍ଛ୍ୱାସ ଛଳକି ପଡ଼େ
ତାର ହିଁ ତଳେ ଶୁଣେ
   ଆଳସ୍ୟର ସମତଳ ଭୂମି ଉପରେ
ଝୁଙ୍କି ପଡ଼ିଥିବା ଆକାଶ ସ୍ପନ୍ଦିତ ହେଉଛି
ବହୁଧା ମଣିଷ ଆଉ ତାର ଗୋପନ
                ଅଶ୍ଳୀଳ କୋଠରିଗୁଡ଼ିକ
କୀଟଦଷ୍ଟ ମେଘ
ଏକାକାର
                ସ୍ଥୁଳ, ଖର୍ବ, ଅମୂଳକ
ଆଗାମୀ କାଳରେ ସେମାନେ ସକଳେ ହିଁ ନାମ ପାଇ ଯିବେ
ଠିଆ ହେବେ ଏବଂ ହେବ ନାନା ବସା ଘର
ଏମାନେ ହିଁ ପୁଣି କାଲି ହୋଇଯିବେ ବୃକ୍ଷ
କିଛି ହିଁ ହଲଚଲ ହେଉନାହିଁ

ସମୟର ଦୀର୍ଘ ହାତ ଲମ୍ବି ଯାଉଛି
ମୁଁ ଆହୁରି ହୋଇଯାଉଛି ଏକା
ନିଃସଙ୍ଗ
ଝଡ଼ର ମାତାଲ କେନ୍ଦ୍ରରେ
ଯେମିତି ବା ପ୍ରୋଥିତ
ଯଦି ମୁଁ ଦୁଇ ହାତ ବଢ଼ାଏ
ବତାସକୁ ମନେ ହେବ ନିରାକାର ସ୍ଥିତିହୀନ
ଆତ୍ମଗଠନହରା ବିହୀନ ବିଷୟ
ଅଳିନ୍ଦ ଉପରେ ଝୁଙ୍କି
ମୁଁ ଦେଖେ
(କେବେ ବି ଏକେଲା କୌଣସି ଅଳିନ୍ଦରେ ଝୁଙ୍କନା)
-ଲେଖି ଥିଲେ ଚୀନା କବି)
କେବଳ ଏହାର ଉଚ୍ଚତା ପାଇଁ ନୁହେଁ
କିମ୍ବା ରାତି ଏବଂ ତାର ଜହ୍ନ
ଅଥବା ଯେତେବେଳେ ଦୃଶ୍ୟ ହେବ ଅସୀମର ସୀମା
ଟଳମଳ ଅସ୍ଥିର ମଥାରେ
ପ୍ରକୃତରେ ବର୍ତ୍ତମାନ ଯାହା ମୁଁ ଦେଖୁଛି
ତାହା ଏକ ଘୁର୍ଣ୍ଣାବର୍ତ୍ତ
ସୁଚତୁର ଫାନ୍ଦ
ଯାହା ପଛରେ କିଛି ହିଁ ନାହିଁ
କେବଳ ଝଡ଼ର ଦିନଗୁଡ଼ିକ ବ୍ୟତୀତ ।
(କଙ୍କାଳର ସିଂହାସନ
ଦ୍ୱିପ୍ରହର ରାଜାର ଆସନ
ସେହି ଏକେଲା ଏକ ଦ୍ୱୀପ
ଯାର ଦୁରାରୋହ ସିଂହରଙ୍ଗ ପର୍ବତଚଟାଣେ
ମୁଁ ଏକ ମୁହୂର୍ତ୍ତରେ ଦେଖିପାରେ ପ୍ରକୃତ ଜୀବନ
ଯାହାର ମୁହଁ ମୃତର ଏବଂ
ସେହି ମୁହଁ ହିଁ ପୁନର୍ବାର
ଏକାକାର ମିଶିଯାଏ

ସ୍ଫୁଲିଙ୍ଗ ସାଗରେ)।
ଯେ ଜୀବନ ଏତେ ଦିନ ଯାପନ କରିଛି
ଆଜି ତାକୁ କରିବାକୁ ହେବ ଅସ୍ୱୀକାର
ସେଠାରେ ନଥିଲ ତୁମେ
            କିନ୍ତୁ ଏଠି
ମୁଁ ଅଛି
            ଚେରମୂଳର ମୋତେ
ଅସ୍ୱୀକାର କରେନା ମୁଁ
            ନିଜକୁ ନିବୃତ ରଖେ
ଅଳିନ୍ଦ ଉପରେ ଝୁଙ୍କି
            ଦେଖେ ମୁଁ
ବିଶାଳ ମେଘପୁଞ୍ଜ ଆଉ ଟୁକୁରାଏ ଜହ୍ନ
ଆଉ ଯାହା ଯାହା ଏଠାରୁ ହିଁ ଦେଖାଯାଏ
ବହମାନ ମଣିଷ, ଘରଦ୍ୱାର
            ଯାହା ପ୍ରକୃତ ବର୍ତ୍ତମାନ
ସମୟ କରିଛି ଯାକୁ ଜୟ
            ଏବେ ଅଳିନ୍ଦରୁ ବହୁ ଅଦେଖାକୁ ବି
ଦେଖି ପାରେ ମୁଁ
ହଁ ଏହା ହିଁ
ଦିଗନ୍ତ ମୋର
ଏହି ଠାରୁ ହିଁ ଆରମ୍ଭ
ଯଦି ଏହାକୁ ସତରେ ଆରମ୍ଭ କୁହାଯାଏ
ତେବେ ତାର କେନ୍ଦ୍ରରେ ମୁଁ ନାହିଁ
ମୁଁ କେବଳ ମୂଳରେ ଥିଲି
ସେ ମୋତେ ନେଇ ଆରମ୍ଭ ତ କରିନି
ମୁଁ ହିଁ କରିଛି
ପ୍ରକୃତି ଭିତରେ ମୁଁ ସ୍ଥାୟୀ ରୂପରେ ପଶି ଯାଇଛି
ଅଳିନ୍ଦ ଉପରେ ଝୁଙ୍କି ପଡ଼ି ମୁଁ ଦେଖେ
ସେ ସବୁ ଦୂରତ୍ୱ

ଯାହା ଅସଲରେ ଖୁବ୍ ହିଁ ନିକଟ
ଜାଣେ ନା କେଉଁ ନାମରେ ଡାକିବି ତାକୁ
ଅଥଚ ଛୁଇଁଛି ତାକୁ ମୋହରି ଚିନ୍ତନ
ରାତ୍ରି ନିମଗ୍ନ ମୁଁ
ପାହାଡ଼ ପରି ଭାଙ୍ଗି ପଡୁଛି ସହର
ଧଳାକଳା
ନୀଳ ଲାଲ ହଳଦିଆ
ଆଲୋକର ହଠାତ୍ ତୀବ୍ରତା
ତାର କରାଳ ଆଗ୍ରାସ
ମାଟିରେ ମଣିଷ ଜନ୍ତୁ
ନଷ୍ଟସ୍ୱପ୍ନ କଣ୍ଢାବୁଦା
ବୃଦ୍ଧ ଦିଲ୍ଲୀ
ପୂତିଗନ୍ଧ ସମାକୁଳ ଦିଲ୍ଲୀ
ତାର ଅନ୍ଧଗଳିପଥ, ଚୌକ୍‌ପାର୍କ, ମସଜିଦ୍
ଯେମିତି ଶରୀରରେ ଭୂକା ହୋଇଥିବା କୌଣସି ଛୁରି
ମୃତ ଉଦ୍ୟାନ
ଶତାବ୍ଦି ସଞ୍ଚିତ ଧୂଳି
ଦିଲ୍ଲୀ ତମର ଗୁଣ୍ଠନ ସେହି ଧୂଳି ମେଘ
ତମର ତକିଆ ସବୁ ଭଙ୍ଗା ଇଟା
ଡ଼ିମିରି ପତ୍ରରେ
ତୁମେ ଖାଉଛ ଦେବତାଙ୍କର ଉଚ୍ଛିଷ୍ଟ
ତମର ମନ୍ଦିର ଗୁଡ଼ିକ ଆରୋଗ୍ୟବିହୀନ ପକ୍ଷୀ
ପତଙ୍ଗ, ପିମ୍ପୁଡ଼ିରେ ତୁମେ ଢ଼ାଙ୍କି ହୋଇ ପଡ଼ିଛ
ପରିତ୍ୟକ୍ତ
ଭଗ୍ନ ସମାଧି ଧାଡ଼ିରେ
ତୁମେ ନଗ୍ନ
ଯେମିତି ବା ଧର୍ଷିତା
ଧର୍ଷଣକାରୀଗଣ ସଭିଏଁ ରତ୍ନ ଆଭରଣ
ଏମିତି କି କବରର ଶେଷ ବସ୍ତ୍ର ବି ନେଇଛନ୍ତି ଖୋଲି

ଏବେ ତୁମକୁ କେବଳ ଢ଼ାଙ୍କୁଛି କବିତା
ତମର ସମସ୍ତ ଶରୀର ହିଁ ଯେପରି ଲେଖୁଛି ଅକ୍ଷର
ଏକଥା ସ୍ମରଣ ରଖ
ପୁନରାବିଷ୍କାର କର ସବୁ ଶବ୍ଦକୁ
ତୁମେ ସୁନ୍ଦର
ତୁମେ ଜାଣ କେଉଁ ଢ଼ଙ୍ଗରେ
କଥା କହିବାକୁ ହୁଏ
ଗାଇବାକୁ ଆଉ ନାଚିବାକୁ ହୁଏ
ଦିଲ୍ଲୀ
ଯେମିତି ଦୁଇଟି ବିଶାଳ ଗମ୍ବୁଜ
ଭୂତଳ ପ୍ରୋଥିତ ଦୁଇଟି
ଦୀର୍ଘସ୍ୱର, ଧ୍ୱନି
ଅଳିନ୍ଦ ଉପରେ ଝୁଙ୍କି
ଓହଳର ସମାନ ଠିଆ ହୋଇ
ସେମାନଙ୍କୁ ଫିସ୍‌ଫିସେଇ କୁହେ
ମୃତ୍ତିକାର ଲକ୍ଷ୍ୟେ ନୁହେଁ
ନୁହେଁ ଅସଂଲଗ୍ନ ମେଧାର ଭାଷଣେ
ଦୀପଶିଖାଟିର ଠିକ କେନ୍ଦ୍ରରେ
ଯିଏ ଅଟଳ ଅଚଞ୍ଚଳ
ସେହିଠାରେ ହିଁ ମୁଁ ଥିଲି
ଅବଶ୍ୟ ଜାଣେନା କେଉଁଠି ସେ ଅଞ୍ଚଳ
ବର୍ତ୍ତମାନ କେଉଁଠି ତାହା ବି ତ ଜାଣେନା
ତେବେ ତାହା ଏ ପୃଥିବୀ ନୁହେଁ
ମହାକାଳ ନୁହେଁ
ଯାହା କୁଆଡ଼େ ନିସ୍ୱ ହାତେ ବିଞ୍ଚି ଦେଇଛି ମୋତେ।
ରାତ୍ରି
ଜହ୍ନ
ମେଘର ସଞ୍ଚାର
ବୃକ୍ଷ ମର୍ମର

ସ୍ଥାନର ବିସ୍ତାର
ଅସୀମ ଏବଂ ହିଂସା ଏକ ସଙ୍ଗରେ ହିଁ
ଭାସୁଛି ପବନରେ
ପ୍ରବଳ ଧୂଳି ଓ ବାଲି
ଯାହା କେବଳ ଜାଗ୍ରତ ରଖେ।
ବିମାନ ବନ୍ଦରର ସମସ୍ତ ଆଲୋକ ପ୍ରଜ୍ୱଳିତ
ଲାଲ କିଲ୍ଲାରୁ ଭାସି ଆସୁଛି ଗୀତର ଗୁଞ୍ଜନ
ଦୂରକୁ ଚାଲି ଯାଉଛି ମୁଁ
ତୀର୍ଥଙ୍କର ପରି ଏକ ବନ୍‌ଜାରାର ଗୀତ
ବୁକୁରେ ନେଇ।
ଶବ୍ଦର ଲଡ଼ବଡ଼ ସେତୁ ଉପରେ
ସମୟ ମୋତେ ତୋଳି ନିଏ
ପୁନର୍ଜନ୍ମର ଆକୁଳତା ଜାଗେ
ସବୁ ଅତିକ୍ରମ କରି ବି
କେଉଁଠି ନା କେଉଁଠି
ମୁଁ ମୋର ଅପେକ୍ଷାରେ ରହିବି ରହିଥିବି।

ଭୋର୍

ହାୱାର ହାତ ଓ ଚିବୁକ
ଜଳର ହୃଦୟ
ତମ୍ବୁ ପକେଇଛନ୍ତି ଇଉକାଲିପଟାସ୍
ମେଘମାନେ
ପ୍ରତିଦିନ ଜୀବନ ଜନ୍ମ ନିଏ
ପ୍ରତିଟି ଜୀବନରେ ଜନ୍ମ ନିଏ ମୃତ୍ୟୁ
ମୋର ଆଖିର ଡୋଳାରେ
ସମତଳ ଆକାଶ ଭାସି ଚାଲିଛି ।

କବିର କର୍ମ (୧୪)

ରୀତିମତ କଷ୍ଟକରି
ପ୍ରତିବର୍ଷ ଏକ ମିଲିଲିଟାର କରି ଆଗେଇ
ପାହାଡ଼କାଟି ମୁଁ ତିଆର କରିଛି ଏକ ପଥ
ଲକ୍ଷ ଲକ୍ଷ ସମ୍ବତ୍ସର ନଷ୍ଟ ହୋଇଛି ମୋର
ନଖଦାନ୍ତ ଭାଙ୍ଗି ଯାଇଛି
ଅନ୍ୟ ଦିଗରେ ଆଲୋକ ଓ ମୁକ୍ତ ବତାସରେ
ପହଞ୍ଚିବାକୁ ।
ଆଉ ଏବେ ମୋର ହାତରୁ ରକ୍ତ ଝରୁଛି,
ଦାନ୍ତ ହଲୁଛି, ଅନିଶ୍ଚିତ ଫାଟ ଧରିଥିବା
ଏକ ଗର୍ତ୍ତରେ ଧୂଳି ଓ ତୃଷ୍ଣାରେ
ମୁଁ ନୀରବ ଏବଂ ବିବେଚନା କରେ
ମୋର କାମ ନେଇ । ମୁଁ ମୋର ଜୀବନର
ଦ୍ୱିତୀୟ ଭାଗ ପଥର ଭାଙ୍ଗି ପଥରରେ
ଗର୍ତ୍ତ କରେ, ଧୁରମୁଷ କରେ ଦରଜା,
ବାଧାର ଦେବାଲ ଅପସାରଣ କରି
ଆଲୋକ ଓ ନିଜ ମଧ୍ୟରେ ରଖେ ଜୀବନର
ପ୍ରଥମ ଭାଗ ।

ଆଖିର ପଲକେ ଦେଖା

(ଗିଲେର୍‌ମୋ ସକ୍ରେଙ୍କୁ)

କ୍ରୋଧରେ ମତ୍ତ
ଘରକୁ ଝଡ଼ର ବେଗରେ
ଏବଂ ନଇଁ ଆସେ ପ୍ରତିଫଳନ ଉପରେ
ସିଧାସଳଖ
        ଗୋଟିଏ ସରଳ ରେଖାରେ
ଶୁଭ୍ରତା ଉଠୁଥାଏ
        ସଠ ଏବେ ରକ୍ତ-ଲାଲ
ବିକ୍ଷିପ୍ତ ଲବଣ
        ଏଇମାତ୍ର ଗୋଟାଏ ରେଖା
ଯେମିତି ଭାବରେ ତାହା ଓହ୍ଲାଏ
        ସିଧାସଳଖ
ପଲକରେ ଦେଖା ଏହି
        ଆଖିପତା ଉପରେ
ଦ୍ରବୀଭୂତ ହୁଏ ।

■

ବୋଧିଦ୍ରୁମ

ପବନ,
            ଯେତେ ଫଳଚୋର
(ବାନର, ପକ୍ଷୀ ଓ ବାଦୁଡ଼ିମାନେ)
ବିଞ୍ଚି ଚାଲିଛନ୍ତି ବୀଜ ମହିରୁହ ଶାଖାରୁ।

ସବୁଜ, ଗୁଞ୍ଜନରତ
            ଇତସ୍ତତ ପବନେ ପ୍ରସରି
ମସ୍ତ ଏକ ଉଛୁଳି-ପଡ଼ା ପାନପାତ୍ର ହୋଇ ରହିଛି ସେ
ଯେଉଁଠି ସୂର୍ଯ୍ୟମାନ ଆସି ମେଟାନ୍ତି ପିପାଷା,ଶୋଷ ଅସରନ୍ତି
ବୀଜସବୁ
ଅଙ୍କୁରିତ,
ଚାରାଗଛ ଛାଉଣି ପକେଇ ବସେ
ଶୂନ୍ୟର ଉର୍ଦ୍ଧ୍ୱରେ, ଅସ୍ଥିର
ସୁଷୁମ୍ନାରେ ଆବର୍ତ୍ତିତ ମୂର୍ଚ୍ଛା,
ତାହାରି ମଧ୍ୟରେ ଦୀର୍ଘ ହୁଏ,
            ଦୋଳେ ଆଉ ପରିବ୍ୟାପ୍ତି ପାଏ
ବର୍ଷ, ଅଜସ୍ର ବର୍ଷ ଝରି ପଡ଼େ
            ସରଳ ରେଖାରେ।

ତାହାର ଝରା
            ଜଳର ଝାଁପତାଳ
ଝାଁପ ଦେବାକୁ ଯାଇ ସ୍ଥିର ଜମିଯାଏ:
ପ୍ରସ୍ତରିତ କାଳ।
କଂପି ଉଠେ, ମୂଳ ଓ ଓହଳ
            ଖୋଲି ଧରେ ଅତିଶାୟୀ ଶାଖା ଓ ପ୍ରଶାଖା,
ସର୍ପିଳ ଅଙ୍ଗପ୍ରତ୍ୟଙ୍ଗ
            ଜଡ଼ତା ଲଗା

ଅସିତ ଫୋୟାରା
    ସେ ବୁଡ଼ାଏ
ସ୍ତମ୍ଭ ଓ ଗମ୍ବୁଜ
    ଖୋଲି ଆଣେ ନିରୁଦ୍ଧ ଗ୍ୟାଲେରି
ଯେଉଁଠି ପ୍ରତିଧ୍ୱନି ସବୁ ଝଲସି ଉଠି ମରି ଯାଏ
ତାମ୍ର ଶିହରଣ
    ଶେଷରେ ପରିଣତ ହୁଏ
ଆହ୍ନିକ ସୂର୍ଯ୍ୟର ଅନଳ ଅଙ୍ଗାରର ସ୍ତବ୍ଧତାରେ।

ଅଶ୍ୱ ଦଉଡ଼ି-ଦଉଡ଼ା ବେଡ୍‌,
    ମାସ୍ତୁଲ୍‌ ଏବଂ ନଙ୍ଗରର
ଜେଟିରେ ପଡ଼ିଛି ଜଟ
ଡିଙ୍ଗି ଦଉଡ଼ି ଯାଇଛି ଡଙ୍ଗାକୁ
    ଭାମ୍ୟମାଣ ଚେର ସବୁ ଓତପ୍ରୋତ
ସେମାନେ ସବୁ ମିଳିତ ହାତର କଣ୍ଟାଝାଡ଼
ସେମାନେ ଖୋଜନ୍ତି ନାହିଁ ମାଟି,
ଖୋଜି ଚାଲନ୍ତି ଏକ ଶରୀର
ବୟନ କରିଛନ୍ତି ଏକ ଆଲିଙ୍ଗନ।

ଅନ୍ତରୀଣ କାଳରେ
ବୃକ୍ଷ ପୁନର୍ନବ ହୁଏ।
ଗଛର ଗଣ୍ଠି ଯା
ଶତବାର୍ଷିକୀର ପୂର୍ବରୁ ପଚି ଯାଏନା
ତାର ସେ କିରୀଟ
ସଫେଦ୍‌ କରୋଟି କୌଣସି ହରିଣର ଭଗ୍ନ ଶୃଙ୍ଗଶାଖା
ଚର୍ମାଭ ପତ୍ରର ଏକ ଅନ୍ତରୀଣ ତଳେ
ଗୋଟିଏ ଲହରୀ ଗାଏ।
    ଫିକା ଲାଲ ସୁନା ହୁଏ କେବେ ବା ସବୁଜ
ନିଜ ଭିତରେ ହିଁ ଗଣ୍ଠି ଦି' ହଜାର ବର୍ଷ ପାରେଇ
ଡିମିରି ଗଛର ଏହି କୁଣ୍ଡଳି ମାରି ଉଠିବା
    ଆଉ ଯେମିତି ନିଜକୁ ହିଁ ଡଣ୍ଟିଚିପି ମାରିବା।

ବନ୍ଧୁତ୍ୱ

ଇୟେ ଥିଲା ପ୍ରତୀକ୍ଷାର ସମୟ
ଟେବୁଲ ଉପରେ ବିଂଚି ହୋଇ ପଡ଼ିଥିଲା
ଅନ୍ତହୀନ ଲ୍ୟାମ୍ପର ବିକ୍ଷିପ୍ତ କେଶ
ଝରକାଟିକୁ ରାତ୍ରି କରିଥିଲା ଅମେୟ
କାହାରି ଉପସ୍ଥିତି ଏଠି ନଥିଲା
କେବଳ ଜଡ଼ିତ ନାମଟି ବ୍ୟତୀତ ।

ଦିନ

ପ୍ରତିଦିନ ପ୍ରଚୁର ଗଛ। ଏଇ ଯେ ଗୋଟାଏ
(୫ ଜୁଲାଇ। ଘଣ୍ଟାରେ ଘଣ୍ଟାରେ ଅଦୃଶ୍ୟ ଭାବରେ
ବଢ଼ି ଚାଲିଛି: ଭବିଷ୍ୟତର ପତ୍ରର ଭାର ବହନ କରି
ଗୋଟାଏ ଗଛ ନିଶ୍ଚିହ୍ନ ହୋଇଯାଏ।
ଦିବସର ସହ ସଂପର୍କ ପାତେ।
ଆଲୋକ, ଜଳ, ପଥର
ଆମରି କଥା ପ୍ରସାରିତ କରେ ପାର୍ଥିବ ଜଗତ୍
ଯାହା ନିଜେ ନିଜେ ହିଁ ରହିଥାଏ
ନୂତନ ପଲ୍ଲବିତ ପତ୍ର ଆମକୁ ଆନନ୍ଦ ଦିଏ,
ଯଦିଓ ନିଜର କୌଣସି କାରଣରୁ ନୁହେଁ
କେବଳ ଯାହା ସବ୍‌ଜିର ଉଚ୍ଚକିତ କଥୋପକଥନ,
ସାରାବର୍ଷର ରାସାୟନିକ ପୁନରୁଜୀବନରେ
ଧନ୍ୟାତ୍ମକ ଶବ୍ଦରେ ଅନୁଷ୍ଠାନରେ
ଯେଉଁଠି ଇତିମଧ୍ୟରେ ହିଁ ସନ୍ଧ୍ୟା
କଳୁଷିତ କରିଛି ଶେଷ ପତ୍ର
ଆଉ ଛାୟା ଭିତରେ ଛାୟା, ଦିନ ଚାଲିଯାଉଛି
ନିଆଁରେ। ପତ୍ର ଭିତରେ।

ଗାଆଁ

ପଥରସବୁ ସମୟ
ବତାସ
ଶତ ଶତ ଶତାବ୍ଦୀର ବତାସ
ବୃକ୍ଷସବୁ ସମୟ
ଜନସାଧାରଣ ପଥରେ
ତାସ
ନିଜ ମଧ୍ୟରେ ଘୁରିଯାଏ
ଆଉ ପଥର ଦ୍ରବିଭୂତ ହୁଏ
ଦିନର ଗଭୀରେ
ତା ଆଖିରେ ତୃଷ୍ଣା ଦୂର କରିବା ଭଳି
ଏଠାରେ କୌଣସି ଜଳ ନାହିଁ।

କୋଚିନ

॥୧॥
ଧାଡ଼ି ଧାଡ଼ି ନିବିଡ଼ ନାରିକେଳ ବୃକ୍ଷ ମଝିରେ
ଛୋଟ ଧଳା ରଙ୍ଗର
ପର୍ତ୍ତୁଗିଜ୍ ଗିର୍ଜାଟିଏ
ପାଦର ଅଙ୍ଗୁଳି ଟିପରେ ଭରାଦେଇ
ଉଙ୍କିମାରି ଦେଖୁଛି ଆମର ଚାଲିଯିବା।

॥୨॥
ଦାରୁଚିନି ରଂଗର ହାଲୁକା ସବୁ ପାଲ
ସାଇଁ ସାଇଁ ପବନରେ ତୋଳି ନିଏ
ଶ୍ୱାସ-ପ୍ରଶ୍ୱାସ ମଧ୍ୟରେ ନିର୍ଜନ ହୃଦୟ।
॥୩॥
ଫେଣରେ ତିଆରି ମୁଲାୟମ ସାଲ୍ ଜଡ଼େଇ
ଜୁଡ଼ାରେ ଜୁଇଫୁଲ
କାନରେ ସୁନାର ଦୁଲ
ସେମାନେ ସମସ୍ତେ ସନ୍ଧ୍ୟା ଛ'ଟାର ପ୍ରାର୍ଥନା ସଭାରେ
ଏକତ୍ର ହୁଅନ୍ତି ମେକ୍ସିକୋ ସହର
ଅଥବା କାଦିଜ୍‌ରେ ନୁହେଁ
ତ୍ରିବାଙ୍କୁର୍‌ରେ।

॥୪॥
ନେଷ୍ଟୋରିୟାନ ପେଟ୍ରିଆର୍କର ସାମ୍ନାରେ
ମୋର ଧର୍ମ-ଅବିଶ୍ୱାସୀ ମନ
ଆହୁରି-ଆହୁରି ପ୍ରଚଣ୍ଡ ଉତ୍ତାଳ।

||୫||

ଖ୍ରିଷ୍ଟିୟାନମାନଙ୍କ ସମାଧି ଭୂମିରେ ଚରି ବୁଲୁଛନ୍ତି
ଅନ୍ଧବିଶ୍ୱାସୀ
ସମ୍ଭବତ ଶୈବ
ସଫେଦ୍ ରଂଗର ଗୋରୁପଲ ବୃଷଭ।

||୬||

ସେଇ ଏକଇ ଚକ୍ଷୁମାନ ଦେଖୁଚି
ସେଇ ଏକା ଅପରାହ୍ଣ
ସହସ୍ର ବାହୁ ମେଲି ବସିଛି
ବୁଗେନଭିଲିୟା
ଗୋଲାପି ସମୁଦ୍ର ଆଉ ପାଣ୍ଡୁର
ନାରିକେଳ ବିଥି ମଧ୍ୟରେ
ବାଇଗେଣୀ ରଂଗର ଗୁଡ଼ାଏ ଡଉଲଡାଉଲ
ପାଦ।

ପ୍ରେମର ଗୀତିକବିତା

ଆହୁରି ସ୍ୱଚ୍ଛ
ଟୋପା ଟୋପା ଏହି ଜଳ ଝରିବା ଅପେକ୍ଷା ବି
ଦ୍ରାକ୍ଷାଲତାର ଯୁଗ୍ମ ଅଙ୍ଗୁଳିର ଫାଙ୍କ ଦେଇ
ମୋର ଚିନ୍ତାର ଏକ ସେତୁ ପ୍ରସାରିତ
ତମର ନିଜଠାରୁ ତମର ନିଜକୁ ଚାହିଁ ରହିଛି
ତମରି ଆଡ଼କୁ
ତମ ଦେହର ଉପସ୍ଥିତି ଅପେକ୍ଷା ବି
ଯାହା ସତ୍ୟ
ମୋ ମନର କେନ୍ଦ୍ରରେ ଯାହା ସ୍ଥିର
ତମର ଜନ୍ମ ହୋଇଥିଲା ଏକ ଦ୍ୱୀପରେ
ବସବାସ କରିବା ବୋଲି ।

ଅନ୍ୟ ଜଣକୁ

ସେ ନିଜପାଇଁ ଉଦ୍ଭାବନ କରିଥିଲା ଏକ ମୁହଁ।
ଅସଂଖ୍ୟ ଥର ଯାହାର ଆଢୁଆଳରେ
ସେ ବସବାସ କରୁଥିଲା, ମରୁଥିଲା,
ପୁନରୁଜ୍ଜୀବିତ ହେଉଥିଲା ସେହି ମୁହଁର ଆଭାସ
ଆଜି କାହାର ମୁହଁ
ଯାହାର ଆଭାସ କୌଣସି ମୁହଁରେ ନାହିଁ।

■

ଉଷା

ଦ୍ରୁତ ଥଣ୍ଡାହାତ
ଗୋଟାକ ପରେ ଗୋଟାଏ ପଛେଇ ଆସେ
ଅନ୍ଧକାରର ବ୍ୟାଣ୍ଡେଜ
ତଥାପି ମୁଁ ଆଖି ବୁଜି ନଥାଏ
ଏବେ ତାଜା କ୍ଷତର କେନ୍ଦ୍ରରେ
ବାସ କରୁଛି ।

ଜଳର ଚାବି

ଋଷିକେଶ ପରେ
ଗଙ୍ଗା ଏଇନେ ସବୁଜ। ପାହାଡ଼ର
ଚୂଡ଼ାରେ ଚୂଡ଼ାରେ ଭାଙ୍ଗି ଯାଇଛି ଦିଗନ୍ତର
ସ୍ୱଚ୍ଛ କାଚ। ସ୍ଫଟିକ ମଧ୍ୟରେ ଆମେ
ଚାଲି ଯାଉଛେ ଉପରେ ଓ ତଳେ
ପ୍ରଶାନ୍ତିର ମହାନ୍ ଉପସାଗର।
ନୀଳ ମହାଶୂନ୍ୟତାରେ ସାଦା ପଥର ଆଉ
ପଥର, କଳାମେଘ
ତୁମେ କହିଥିଲ:
ସେ ରାତି ମୁଁ ଭିଜେଇଥିଲି ମୋର ଦୁଇହାତ
ତମର ନିଟୋଳ ସ୍ତନ ଯୁଗଳରେ।

ନିଃସନ୍ଦେହରେ

ଏହା ଯଦି ସତ୍ୟ ହୁଏ
ସାଦା ଏହି ଲ୍ୟାମ୍ପରୁ ଆଲୋକ
ପ୍ରକୃତରେ ଲେଖା ହୁଅନ୍ତା, ସତରେ କଣ
ସେମାନେ ସତ୍ୟ,
ଆଖି କଣ ଚାହିଁ ଦେଖିଛି ମୁଁ କଣ ଲେଖେ ?
ଶବ୍ଦ ପରେ ଶବ୍ଦ ସଜେଇ
ଯାହା କହୁଛି ହଜିଯାଉଛି
ମୁଁ ଜାଣେ ମୁଁ ବଞ୍ଚିଛି, ଅର୍ଥହୀନ କଥାର
ନିଭୃତ ଅଂଶରେ।

ବିସ୍ମୟ

ଏଇନେ ବୃକ୍ଷର ଶାଖାରେ ନୁହେଁ
ଶୂନ୍ୟତାରେ ନୁହେଁ
ଶୂନ୍ୟତାର ମଧ୍ୟରେ ନୁହେଁ
ମୁହୂର୍ତ୍ତର ଭିତରେ ହମିଂ ପକ୍ଷୀ।

ଶୂନ୍ୟତା

ଯାହା ବିଦ୍ୟମାନ୍ ଅଥଚ ନିଜକୁ
ଧ୍ୱଂସ କରି ଚାଲିଛି
ଅସ୍ତିତ୍ୱ ଅଲୀକ ଜ୍ୟୋତିର ମଝିରେ
ତାର ମରୀଚିକା
ନା ଅଛି ଅତୀତ, ନା ଅଛି ବର୍ତ୍ତମାନ
ନା ଅଛି ଭବିଷ୍ୟତ ।
ଯାହା ଆମେ ଭାବୁ ସମୟ,
ତାହା-
କିଛି ହିଁ ନୁହେଁ
କେବଳ ବୃନ୍ତର କଂପନ
ଯାହା ନିମିଷକରେ
ମିଳେଇ ଯିବ ଶୂନ୍ୟରେ ।

■

ହୁମାୟୁନର ସମାଧିରେ

ବିତର୍କରେ ମାତି ଉଠିଥିବା
କୁହାଳିଆଙ୍କର ଗୁନ୍‌ଗୁନ୍ ଗୁଞ୍ଜନ
ହନୁମାଙ୍କଡ଼ଙ୍କର କିଚିର୍ ମିଚିର୍
କଂପି କଂପି ଉଠୁଛି ପରିସଂଖ୍ୟାନ
ଅସୁନ୍ଦର
(ପଥର କାଟି ତିଆରି)
ଗୋଲାପର ଊର୍ଦ୍ଧ୍ୱଗାମୀ ଶିଖା
ପବନ ଓ ପକ୍ଷୀମାନେ
ଜଳ ଉପରେ ଶାନ୍ତିରେ ସ୍ଥିର ସମୟ)
ନୀରବତାର ସ୍ଥାପତ୍ୟରେ ।

କବିର କର୍ମ (୩)

ଗୋଧୂଳି ବେଳାର ଟେବୁଲରେ
ମୁଁ ଲେଖେ।
ଆଉ ପ୍ରାୟ ଜୀବନ୍ତ ବୁକୁ ଉପରେ
ଧିରେ ଧିରେ ଚାଲେ ମୋର କଲମ
ଯାହା ବିଳାପ କରେ ସ୍ମରଣ କରେ
ତାର ଜନ୍ମର ଅରଣ୍ୟକୁ।
କଳାକାଳିର ବିଶାଳ ଡେଣା ଖୋଲି ଯାଏ।
ବତି ବିସ୍ଫୋରିତ ହୁଏ
ଆଉ ଭଙ୍ଗାକାଚର ଅନ୍ତରୀପ ଢାଙ୍କି ପକାଏ
ମୋର କଥା
ଆଲୋକର ଶାଣିତ ରୂପାଲି
କାଟି ପକାଏ ମୋର ଡାହାଣ ହାତ।
ଏହି ଗଣ୍ଡିହି ନେଇ ହିଁ ଯାହା କିଛି ମୁଁ ଲେଖେ
ମଂଜରିତ କରେଁ ଛାୟା।
ରାତି ଘର ଭିତରକୁ ଚାଲି ଆସେ
ବିପରୀତ ଦିଗର ଦେବାଲ
ତାର ବଡ଼ ପଥର ଓଠ
କୁଞ୍ଚିତ କରେ।
ମୋର କାଗଜ ଓ କଲମ ମଧ୍ୟରେ
ଚାଲିଆସେ ବତାସର ବିରାଟ ଟୁକୁରା।
ଗୋଟାଏ ସାଧାରଣ ସ୍ୱୟଂସଂପୂର୍ଣ୍ଣ ଶବ୍ଦ ହିଁ
ଏ ପୃଥିବୀକୁ ଉଡ଼େଇ ଦେବା ପାଇଁ ଯଥେଷ୍ଟ
କିନ୍ତୁ ଆଜିର ରାତିରେ
ଅତିରିକ୍ତ ଏକ ଶବ୍ଦର
କୌଣସି ସ୍ଥାନ ନାହିଁ।

■

ମଧୁର ମିଳନ

(କଲୋନା ଫୁୟେନ୍ତେସ୍‌କୁ)

ଉଠାରେ ଜଳ
ତଳେ କୁଂଜବନ, ପଥ ଉପରେ ଶାନ୍ତ ପବନ
ଶାନ୍ତ କୂପ-କଳା ବାଲଟିରେ ସ୍ଥିର ଜଳ
ବୃକ୍ଷମାନଙ୍କ ଆଡ଼କୁ ନଇଁ ଆସୁଛି ଜଳ
ଦୁଇ ଓଠର ଫାଙ୍କରେ ଜାଗି ଉଠିଛି ଆକାଶ।

ଛାୟାମୂର୍ତ୍ତି

ମଣିଷର ଶେଷ ପରିଣତି
ଯଦି ଧୂଳି
ତାହେଲେ ସେଇ ଯେଉଁମାନେ
ଧୂଳିଭାଂଗି ଧାଡ଼ି ବାନ୍ଧି ଚାଲିଛନ୍ତି
ସେମାନେ ମଣିଷ ହିଁ।

■

ପ୍ରଭାତ ସଂଗୀତ

ପବନର ହାତ ଆଉ ଓଠ
ଜଳର ହୃଦୟ
            ଇଉକାଲିପଟାସ
ସେଇ ଜୀବନ ଯାହା ପ୍ରତ୍ୟହ ଜନ୍ମେ
ସେଇ ମୃତ୍ୟୁ ଯାହା ପ୍ରତ୍ୟେକ ଜୀବନେ
ମୁଁ ଆଖି ଘଷେ
ମାଟି ଦେଇ ଚାଲିଛି ଆକାଶ ।

ସନ୍ଧ୍ୟା ସଂଗୀତ

କିଏ ଶକ୍ତି ଦିଏ ତାକୁ
ଅର୍ଦ୍ଧ ଉନ୍ମୋଚିତ, ଆସନ୍ନ ରାତ୍ରିର ସ୍ୱଚ୍ଛତା
ବଗିଚା ଉପରେ ପଡ଼ିଥିବା ଖୋଲା ଆକାଶ ?
ପକ୍ଷୀଙ୍କ ଭାରରେ ଅଧିକୃତ
ସମସ୍ତ ଡାଳପତ୍ର
ଯିଏ ଝୁଙ୍କି ପଡ଼ନ୍ତି ଅନ୍ଧକାର ପ୍ରତି
ଶୁଦ୍ଧ, ଆତ୍ମମୟ ସବୁ ମୁହୂର୍ତ୍ତ
ଏବେ ବି ଦପ୍‌ଦପ୍ କରେ ବେଢ଼ା ଉପରେ
ରାତ୍ରିକୁ ଗ୍ରହଣ କରେ
ତରୁବୀଥି
ନିଃଶବ୍ଦ ଫୁଆରା
ଗୋଟିଏ ପକ୍ଷୀ ଉଡ଼ିଯାଏ
ଅନ୍ଧକାର ହୁଏ ଘାସ,
ଅସ୍ପଷ୍ଟ ସବୁ ସୀମା, ଚୂନର ରଂଗ କଳା
ଏ ଜଗତ ଅବିଶ୍ୱାସ୍ୟ ପ୍ରାୟ ।

■

ଭୂଚିତ୍ର

ପଥର ଆଉ ପାହାଡ଼ ଚୂଡ଼ା
ପଥ ଅପେକ୍ଷା ପ୍ରଚୁର ବେଶି ସମୟ
ଏହି ସମୟହୀନ ଜଡ଼ ପଦାର୍ଥ ।।

ଶୁଖିଲା ଏହାର କ୍ଷତ ଚିହ୍ନରୁ
ଗଡ଼ି ନପଡ଼ି ଓହ୍ଲାଉଛି
ଅନ୍ତହୀନ ଅକ୍ଷତ ଯୋନିର ଜଳ ।
ବିଶାଳତା ଏଠାରେ ପାଇଛି ଶାନ୍ତି
ପଥର ବୁକୁ ପଥରରେ
ଶୂନ୍ୟତା ଉପରେ ପଥର ।

ଜଗତର ବାହାର୍ ଯେମିତି
ସେଇ ରକମର ହିଁ ରୂପର ପସରା ମେଲିଛି;
ସୂର୍ଯ୍ୟ ସ୍ଥିର, ଅତଳ ଗହ୍ୱରେ
ମଥା ଝିମ୍‌ଝିମ୍ ସୁଦୂର ଶୂନ୍ୟତା
ବଂଧୁର ପାହାଡ଼ର ଓଜନ
ଆମର ଛାୟା ଅପେକ୍ଷା ଭାରୀ ନୁହେଁ ।

■

ଗାଲ୍ତାର ଯାତ୍ରା ପଥେ

ଗାଲ୍ତାକୁ ଯିବାର ରାସ୍ତା ଧରି
ଆଗେଇ ଚାଲନ୍ତୁ
ଆପଣା ଛାଏଁ ହିଁ ତିଆରି ହୋଇଯିବ
ସେ ପଥ, ଏବଂ ସେହି ମୁହୂର୍ତ୍ତ
ଯେଉଁ ପଥରେ ଦିନେ ମୁଁ ଯାତ୍ରା କରିଥିଲି
ବାସ କରିଥିଲି ଯେଉଁ ମୁହୂର୍ତ୍ତଟିରେ।
କୌଣସି ଚିନ୍ତା ନକରି ଶେଷ ପର୍ଯ୍ୟନ୍ତ
ଚାଲି ଯାଆନ୍ତୁ କଣ ମନେହେବ
ସେ ଅନୁଭବ ବୁଝେଇ କହିବା
ଦରକାର ହେବ ନାହିଁ ଆପଣଙ୍କର
ସ୍ୱତଃ ବୁଝି ପାରିବେ, ଏଇ କବିତାଟି
କି ଅନୁଭୂତି ହୋଇଥିଲା ମୋର।
ଦୂରକୁ ଦୂରକୁ ବହୁ ଦୂରକୁ ଲମ୍ଵି ଯାଇଥିବା
ରାସ୍ତା...ଗୋଟାକ ପରେ ଗୋଟାଏ
ବିଶାଳ ବରଗଛ ପଛରେ ପକେଇ
ଗାଧୁଆ ପୋଖରୀର ପାଖ ଦେଇ
ଧ୍ୱଂସାବଶେଷର ଦରଜା ପାରେଇ
ମୁଁ ପହଞ୍ଚିଥିଲି ଗାଲ୍ତାରେ
ଅଜସ୍ର ପରିତ୍ୟକ୍ତ ଭାଙ୍ଗିବାର ସ୍ମୃତି
ବୁକୁରେ ନେଇ ଯିଏ ବଞ୍ଚି ରହିଛି ଚିରକାଳ।

କାହିଁକି ସେଠିକି ମୁଁ ଯାଇଥିଲି
କେଉଁ ଭାବରେ ଯାଇଥିଲି, ଜାଣେନା !
କେବେ ଜାଣିବାର ଚେଷ୍ଟା ବି କରି ନ ଥିଲି
ମନରେ।

ଦୈବବାଣୀ

ରାତ୍ରିର ଶୀତଳ ଓଠ
ଉଚ୍ଚାରିଲା ଗୋଟାଏ ଶବ୍ଦ
ଦୁଃଖର ସ୍ତମ୍ଭ
କୌଣସି ଶବ୍ଦ ନୁହେଁ, କେବଳ ଶିଳା
କୌଣସି ଶିଳା ନୁହେଁ କେବଳ ଛାୟା
ବାଷ୍ପୀଭୂତ ଚିନ୍ତା
ମୋର ବାଷ୍ପୀଭୂତ ଚିବୁକର ଜଳ
ଧ୍ରୁବସତ୍ୟ ଶବ୍ଦ
ମୋର ଭୂଲଗୁଡ଼ିକର ପଛରେ ଥିବା
କାରଣ ଯଦି ସତ୍ୟ ହୁଏ
ତାହାରି ଭିତରେ ମୁଁ ବଞ୍ଚେ
ଯଦି ତାହା ନିର୍ଜନତା ହୁଏ
ତାକୁ ନେଇ ହିଁ ମୁଁ କହିବାକୁ ଭଲପାଏ
ଏ ହେଲା ସ୍ମୃତି, ଯାହାର କିଛି ହିଁ
ମୋର ମନେ ନାହିଁ
ମୁଁ ଜାଣେ ନା କଣ କହୁଛି ସ୍ମୃତି
ଆଉ ଯାହାକୁ ନେଇ
ମୋ ନିଜ ଉପରେ ଗଭୀର ବିଶ୍ୱାସ
କେମିତି ଜାଣିବ କିଏ ଜଣକର
ଜୀଇଁ ରହିବା
କେମିତି ଭୂଲିବ ସିଏ
ଯିଏ ଥିଲା ଅତିଚିହ୍ନା
ସମୟ ଖୋଲୁଛି ତାର ଦରବୁଜା ଆଖିପତା
ଏବଂ ଚାହିଁ ଦେଖୁଛି
ଯେମିତି ସେ ତାକୁ ଦେଖିପାରେ।

■

ସ୍ପର୍ଶ

ମୋର ହାତ
ତମର ଅସ୍ତିତ୍ଵର ପର୍ଦା ଅପସାରିତ କରି
ଆହୁରି ବେଶୀ ନଗ୍ନତାର ପୋଷାକଟିଏ ପିନ୍ଧାଏ
ତମ ଦେହ ଉପରେ ଅନ୍ୟ ଦେହ
ଅନ୍ତହୀନ ଖୋଲିଦିଏ ମୋର ହାତ
ତମ ଦେହ ମଧ୍ୟରେ ଅନ୍ୟ ଦେହ ଉଦ୍ଭାବନ କରେ ।

ଜଳର ରହସ୍ୟ

ଋଷୀକେଶ ପରେ ବି
ଗଙ୍ଗାର ରଙ୍ଗ ସବୁଜ ।

ଭଙ୍ଗା କାଚ ପରି ପୁଂଜ ପୁଂଜ
ତୁଷାରକିରୀଟ ଶିଖରରେ କ୍ଷତବିକ୍ଷତ ଦିଗନ୍ତ
ଆମେ ସ୍ଫଟିକ ଉପରେ ଚାଲିଛୁ ।

ମଥା ଉପରେ, ପାଦ ତଳେ
ମେଘର ପ୍ରଶାନ୍ତ ଉପସାଗର
ନୀଳ ମଧ୍ୟରେ ମଝିରେ ମଝିରେ
ସାଦା ପଥର, ଧଳା ମେଘ ।

ତୁମେ କହିଲ ଏଠାରେ ଅନେକ
ନଦୀର ଉତ୍ସ

ତମରି ସ୍ତନର ଜଳରେ ସେ ରାତ୍ରିରେ
ମୁଁ ଭରିନେଲି ଯୁକ୍ତକରାଞ୍ଜଳି ।

ଲୋଦି ଗାର୍ଡେନ୍ସରେ

ଏକ ଏକ କବରଖାନାର
ଏକ ଏକ ଗମ୍ବୁଜ
ଏଇନେ ନିଷ୍କର୍ଷକଳା, ଚିନ୍ତାଗ୍ରସ୍ତ
ଏବଂ ନିବିଡ଼
ହଠାତ୍ ଉଡ଼ି ଦେଲା ପକ୍ଷୀମାନଙ୍କୁ
ସର୍ବବାଦିସମ୍ମତ ସୁନୀଳ ଶୂନ୍ୟରେ ।

■

ଯୌବନ

ଢେଉର ଉଲଂଘନରେ
            ଆହୁରି ସାଦା
ପ୍ରତି ମୁହୂର୍ତ୍ତରେ
            ଆହୁରି ସବୁଜ
ପ୍ରତିଦିନ
            ଆହୁରି ତରୁଣ
ମୃତ୍ୟୁ।

ଶ୍ୱେତ ଓ କୃଷ୍ଣଶିଳା

ସୀମା ଏକ ପଥର ବୁଣିଛି
ବତାସରେ ଉଦ୍‌ଭିନ୍ନ ସେହି ପଥର
ଭିତରେ
          ଶୋଇ ରହିଛି ଏକ ବୃକ୍ଷ
ଯଦି ସେ ଆଖି ମେଲି ଚାହେଁ
          ପଥରଟି ହେବ ବିସ୍ଫୋରିତ।
ଓଠ ଓ ଡେଣାରେ ଘୂର୍ଣ୍ଣିଝଡ଼
ଏକ ଯୁବତୀ ନାରୀ ଉପରେ
ଯିଏ ବହି ଚାଲିଛି
          ଶରତର ପାକଦଣ୍ଡି ଭିତରେ
ପଥର ନଇଁ ଆସେ
          ଜଳି ଉଠେ
ଆଖିର ପ୍ଲାଜା ଭିତରେ
          ଫୁଲମାନେ
ତୁମ ହାତର ତାଲୁ ଉପରେ
          କଥା କହନ୍ତି।
ଝୁଲୁଛି
          ତମର ସ୍ତନଯୁଗଳର ମଝିରେ
ଜଳର ଭାଷା
          ପଥର ଫାଟି ଉଠେ ଭିତରେ
ବୀଜମାନେ ଗାଉଛନ୍ତି ଗାନ
          ସେମାନେ ସାତଜଣ
ସାତ ଭଉଣୀ ସାତଟି ବିଷଧର ସର୍ପ
ସାତଟି ସବୁଜ ମଣି
          ସାତଟି ଶବ୍ଦ।

■

ଦୂରର ପ୍ରତିବେଶୀ

କାଲି ରାତିରେ ବିଶାଳ ଗଛଟି
"କର ଯେମିତି କହିବାକୁ ଚାହଁବି
କହିଲା ନାହିଁ..."

ମଥୁରା

ଯେମିତି ଏକ ସ୍ନେହମୟୀ ମା
ଏମିତି ଜନନୀ ଯାହାର ତୀବ୍ର ଆଲିଙ୍ଗନେ
ବନ୍ଦ ହୋଇ ଆସେ ଦମ୍,
ରୌଦ୍ର ଦେଇ ଗଢ଼ା ଏକ ପିଙ୍ଗଳ
ନିଃଶବ୍ଦ ସିଂହିନୀ,
ଗୋଟାଏ ଢେଉ ଯାହା ନିଜେ ହିଁ
ବିଶାଳ ଏକ ସାଗର।
ଗଳିତ କାଚର ଦିନ
ଆମକୁ କରିଛି ଅଧିକାର
ବୁକୁରେ ବସି ରହିଛି ରାଜା ହୋଇ।

ଆମ ପ୍ରତ୍ୟେକର ହୃଦୟରେ
କଣ୍ଟା ଆଉ ଜ୍ୱଳନ୍ତ ଅଙ୍ଗାରର ସିଂହାସନ।
ତାର ହୁକୁମ ଏକ ମନ୍ଦ୍ର ହିକ୍କା
ଆଖି ଠିକ୍‌ରି ପଡ଼ିଥିବା ଏକ ଦଙ୍ଗଲ୍
ଦେବତା ଓ ପଶୁର ହୃତ୍‌କଂପନ।

ଗ୍ରୀଷ୍ମ ଗୋଟାଏ ବିରାଟ ଆଁ
ମୁହଁଭର୍ତ୍ତି ପୋକଯୋକ ନେଇ
ଏକଇ ଧ୍ୱନିର ଦିବାରାତ୍ର ଉଚ୍ଚାରଣ
ଧୂମିଳ ଏକ ଫିସ୍‌ଫିସ୍ ସ୍ୱରବର୍ଣ୍ଣ।

■

ଏଠାରେ

ଏ ପଥରେ ମୋର ପଦଧ୍ୱନି
ଅନ୍ୟ ପଥରେ ବି ପ୍ରତିଧ୍ୱନି
ଯା' ଭିତରେ ଶୁଣିବାକୁ ପାଏ
      ନିଜେ ହିଁ ନିଜର ପାଦଶବ୍ଦ
ଏ ପଥର ଉପର ଦେଇ ଚାଲି ଯାଉଛି
ଯାହା କିଛି ସତ୍ୟ, କୁୟାସାବୃତ।

ସୁନେଲି ପଦ୍ମସବୁ

କୋମଳ ଓ ସର୍ପିଳ
ଯେମିତି କୌଣସି ଯାଦୁର ଦଉଡ଼ି
ଚକ୍‌ମକ୍ ଓ ଈଷତ୍ ସ୍ୱର୍ଣ୍ଣାଭ
ପାଲଖୋଲା ନୌକା ବର୍ଷା
ତଥାପି କିନ୍ତୁ ଅପ୍ରତିହତ
ବରଫକଟା ଜାହାଜ।

ଶିଶୁ ସଦୃଶ ସ୍ତନଯୁଗ୍ମ, ଏନାମେଲ କରା ଆଖି।
ସିଏ ସକଳ ଚତ୍ୱରରେ ଏବଂ ଭୂଗର୍ଭସ୍ଥ ଘରେ
ଘରେ ଘରେ ନାଚିଥିଲା କୋସ୍ତାରିକା
ଓ ସାନ୍ ଯୋସ୍‌ରେ
ଦେଖିଥିଲା ସୂର୍ଯ୍ୟାସ୍ତ।

ସାଲ୍ୟା ତେଜି ଭାବ ଜାଗ୍ରତ କରିବାକୁ ତ୍ୟାଗ
କରିଥିଲା ଆଫ୍ରିକାର ନିଷ୍ପାଦପ ପ୍ରାନ୍ତର।
ହିମାଳୟର ପାଦତଳେ ଶୋଇଥିଲା
ଯୁବା ଏକ ରାଜପୁତ୍ର ପାଇଁ। କୋଡ଼ିଏ ବର୍ଷ
ବୟସରେ ହିଁ ସେ ତ୍ୟାଗ କରିଥିଲା ସ୍ୱାମୀକୁ
ଆଉ ଏକୋଇଶ ବର୍ଷ ବୟସରେ
ଜଣେ ଆଫଗାନ୍‌କୁ ପାଇବା ପାଇଁ
ସେ ଛାଡ଼ିଥିଲା ରାଜପୁତ୍ରକୁ।
ପୟଁଚାଳିଶ ବର୍ଷ ବୟସରେ
ସିଏ ଏବେ ବାସ କରୁଛି ବମ୍ବେର
ପ୍ରସ୍‌ପାରିନା କୋର୍ଟର ଇଷ୍ଟ୍‌ରେ।
ପ୍ରତିମାସରେ ଛୁଟିଦିନ ଗୁଡ଼ିକରେ
ଜାଗାଟା ଅନର୍ଥକ ବକ୍‌ବକାନି

ଆଉ ସ୍ୟାକସ୍‌ରେ ଭରି ଉଠେ
ଜଣେ ସଇତାନ ପାଇଁ
ଚାକରବାକରମାନେ ତାକୁ ଅଭିଶାପ
ଦିଅନ୍ତି।
ବୃଷ୍ଟି ବ୍ୟତିରେକେ ହିଁ ଝଡ଼।
ଠୁକୁରାଏ ତାର ଛାୟା।

ସୁଖ ଦେଖିବାକୁ

ଏଇଠି ଏହି ଲାଇନ୍‌ତକ ଲେଖୁଲେଖୁ ହିଁ
ଜଣେଇ ରଖୁଛି ଯେ
ବିଶେଷ କୌଣସି ଉଦ୍ଦେଶ୍ୟ ନେଇ
                ମୁଁ ଏଠାକୁ ଆସି ନାହିଁ
ନୀଳାଭ ସବୁଜ ରଂଗର ଏକ ଏକାକୀ ମସଜିଦ୍
ଛଅଟି ଭଂଗା ମିନାର୍
ଦୁଇ କି ତିନୋଟି ସମାଧି
ଏକ ମସ୍ତ କବିର ସ୍ମୃତି
ତୈମୁର୍ ଆଉ ତାର ବଂଶଜମାନଙ୍କର ନାମ
ଶହେ ଦିନ ଧରି ଯାହା ବହି ଯିବ,
                ସେହି ପବନର ସଙ୍ଗେ ମୁହାଁମୁହିଁ
ପରିଚୟ ମୋର।
ସେ ପବନ ରାତ୍ରି ଗୁଡ଼ିକୁ ଢ଼ାଙ୍କି ଦେଇଛି ବାଲିରେ
ମୋର କପାଳ ଉପରେ କଚାଡ଼ି ହୋଇ ପଡ଼ିଛି
                ଆଖି ପତାରେ ଜ୍ୱାଳା ଧରେଇ ଦେଇଛି
ଭୋର୍
                ପକ୍ଷୀମାନଙ୍କର ଉଡ଼ାଉଡ଼ି ଆଉ
ପଥର ଉପର ଦେଇ ଜଳ ଗଡ଼ି ଯିବାର ଶବ୍ଦ
ପାଦଶବ୍ଦ ଚାଷିଙ୍କର
(କିନ୍ତୁ ଜଳ ଭିତରେ ଧୂଳିର ସ୍ୱାଦ।)
ସମତଳ ଭୂମିରେ ଶୁଭେ କଥା କହିବାର ଫିସ୍‌ଫିସ୍ ଶବ୍ଦ,
କିଏ ଆସିଲା
                କିଏ ଚାଲିଗଲା
ସୁନା ରଂଗର ଘୂର୍ଣ୍ଣି ହାୱା
ଯାହା ମୋର ଭାବନା ପରି ହିଁ ଅସାର

ହୋଟେଲର ଘରେ କିମ୍ବା ପାହାଡ଼େ ପାହାଡ଼େ
ନିଜକୁ ହିଁ କେନ୍ଦ୍ରକରି ଯାହା କ୍ରମାଗତ ଘୁରୁଥାଏ।
ଏହି ଜମି, ଯେମିତି ଓଟର କୁଜ
ଆଉ ମୋର ଝଗଡ଼ାଝାଟି ମଧ୍ୟରେ ଭାସି ଉଠେ
            ସେଇ ଏକଇ ଜୀର୍ଣ୍ଣ ମୁହଁର ଧାଡ଼ି,
ଯେଉଁ ସବୁ ମୁହଁ କ୍ରମେ ହିଁ ଚୁନା ଚୁନା ହୋଇଯାଉଛି।
ଧ୍ୱଂସର ଅଧୀଶ୍ୱର ଏହି ଝଡ଼ ପବନ
ଇଏ କଣ ମୋର ଏକମାତ୍ର ପ୍ରଭୁ ?
ଭୂମିକ୍ଷୟ
ମାଟିର ଆଁ କ୍ରମେ ବଢୁଛି, ଆହୁରି ବଢୁଛି।
ସନ୍ଥର ସମାଧି କ୍ଷେତ୍ରରେ
ଶୁଖିଲା ବୃକ୍ଷର ଗଣ୍ଡିରେ
ମୁଁ ବି ଗୋଟାଏ କଣ୍ଟା ଠୁଙ୍କି ହେଇ ଆସିଛି
ତେବେ
ଅନ୍ୟମାନଙ୍କ ପରି ଶୟତାନକୁ
ଅନ୍ଧ କରି ଦେବାକୁ ନୁହେଁ
ସେହି କଣ୍ଟାରେ ନିଜକୁ ହିଁ ବିନ୍ଧିଛି
(କିନ୍ତୁ କହିଥିଲି:
ପବନ ମୋର କଥାତକ ଉଡ଼େଇ ନେଇଗଲା।)
ଏକ ଅପରାହ୍ଣରେ
ପାହାଡ଼ଗୁଡ଼ିକ ମଧ୍ୟରେ ଗୋଟାଏ
ଚୁକ୍ତି ହୋଇଯାଏ।
ଯଦିଓ କେଉଁଠିକି ଯାଏନା, ତଥାପି
ପପ୍‌ଲାର୍ ଗଛଗୁଡ଼ିକ ଚଲାବୁଲା କରୁଥାନ୍ତି।
ଟାଲି ଉପରେ ପଡ଼େ ଖରା
            ହଠାତ୍ ହଠାତ୍ ମିଳୁଥାଏ ବସନ୍ତର ଆଭାସ
ରାନୀବାଗ୍‌ରେ
            ଆଶ୍‌ମାନୀ ନୀଳ ଗମ୍ବୁଜ ଉପରେ ମୁଁ ଉଠିଯାଏ
ଛୋଟ ଛୋଟ ମିନାରର ଦେହରେ

ଖୋଦେଇ କରା ନାନାଚିହ୍ନ
ବର୍ଣ୍ଣମାଳାର ଅନ୍ତରାଳରୁ, ପ୍ରାଚୀନ କାଳର
ବଙ୍କିମ ଆରବି କୁଫି ଲିପି
ସ୍ୱଚ୍ଛ ଦୃଶ୍ୟମାନ ହୁଏ।
ଯାହା ମୂର୍ତ୍ତ ନୁହେଁ,
ତାହା ଦେଖିବା ଭଳି ଦୃଷ୍ଟି ମୋର ନାହିଁ,
ଘୂର୍ଣ୍ଣମାନ ରୂପମାଳା ଯେତେ କ୍ଷଣ ମିଳେଇ ଯାଏ
ତାପରେ ସ୍ଥିତିର ସ୍ୱଚ୍ଛତା ମଧ୍ୟରେ
ପୁନର୍ବାର ଫୁଟି ନ ଉଠିଛି
ସେ ଯାଏଁ ତାହା ମୁଁ ଦେଖିନି।
ଏହି ସେହି ନିରବୟବ ସତ୍ତା
ଯାହାର କଥା ଆମକୁ କହି ଯାଇଛନ୍ତି
ସୁଫି ସାଧକଗଣ।
ମୁଁ ପାନ କରିନାହିଁ ଶୂନ୍ୟତାର ପ୍ରାଚୁର୍ଯ୍ୟ
ବୋଧିସତ୍ତ୍ୱର ହୀରକଖଚିତ ଶରୀରର-
ବତ୍ରିଶ ଚିହ୍ନ ବି ଦେଖା ହୋଇନି ମୋର।
କେବଳ ନୀଳ ଆକାଶ ହିଁ ଦେଖିଛି ମୁଁ-
ଦେଖିଛି ସାଦାରୁ ସବ୍‌ଜେଟ୍‌ରେ
ନୀଳ କେତେ ଅଜସ୍ର ରକମର ହୋଇପାରେ
ଆଉ ଦେଖିଛି ପପ୍‌ଲାର,
ଡେଣା ପରି ବିସ୍ତାରିତ ଶାଖାପ୍ରଶାଖା
ତା ସହିତ ପାଇନ୍‌ଗଛର ଡାଳରେ
ଏକ କଳାଧଳା ମୟ୍‌ନା
ଯାହାକୁ ଠିକ୍ ପକ୍ଷୀ ବି ନୁହେଁ
ପବନର ହିଁ ଏକ ବିଭଙ୍ଗ ବୋଲି
ମୋର ମନେ ହୋଇ ଥିଲା
ମୋର ମନେ ହୋଇଥିଲା ନିଜ ଉପରେ ହିଁ
ଭରା ଦେଇ
ଏଠି ବିଶ୍ରାମ ନେଉଛି ପୃଥିବୀ।

ଯାହା ଆଖିରେ ପଡ଼େ,
ଯାହା ଦେଖାଯାଏ ତାହା ଦେଖିଲି ।
ଆଉ ସେ ଅଧଘଣ୍ଟା ସମୟର ନାଆଁ ଦେଲି
ଶାନ୍ତ ସଂପୂର୍ଣ୍ଣ ।...

ପ୍ରତିଦିନର ନିଆଁ

ଯେମିତି ନିଆଁ
ଭୂ-ବିଦ୍ୟାର ପତ୍ର ଭିତରେ,
ତାରାମଣ୍ଡଳୀର ସୁଉଚ୍ଚ ଗିରିଚୂଡ଼ାର
ଫଳକରେ
ଅଦୃଶ୍ୟ ତାର ସୃଷ୍ଟି କର୍ମ
ସୃଷ୍ଟି କରେ ଧ୍ୱଂସ କରେ ମଣିଷ।
ତାର ଭାଷା ଏଇ ମାତ୍ର ବୀଜ
କିନ୍ତୁ ମହାଶୂନ୍ୟତାର ତାଲୁ ମଧ୍ୟରେ
ଜ୍ୱଳନ୍ତ।
ଶବ୍ଦସମୂହ ଚିରଭାସ୍ୱର ଦୀପ।
ସେମାନେ ବି ରୋପଣ କରନ୍ତି:
ନୀରବତା ଭାଙ୍ଗି
ସେମାନଙ୍କର ମୂଳ, ଶବ୍ଦର ଘର ତିଆରି
ସେମାନଙ୍କର ଶାଖାପ୍ରଶାଖା ସୃଷ୍ଟି କରନ୍ତି
ଶବ୍ଦସମୂହ:
ସେମାନେ ବାନ୍ଧନ୍ତି ଓ ଖୋଲି ପକାନ୍ତି
ସେମାନେ ପସନ୍ଦ ଓ ଅପସନ୍ଦ ମଧ୍ୟରେ
ଖେଳନ୍ତି ଶବ୍ଦସମୂହ:
ସେମାନେ ଭୂରୁ ଭିତରେ ପକ୍ୱ
              ହୋଇ ଉଠନ୍ତି
ମୁହଁରେ ଫୁଲ ହୋଇ ଫୁଟନ୍ତି।
ସେମାନଙ୍କର ମୂଳ ପାନ କରେ ଆଲୋକ
ପାନ କରେ ରାତି।
ଭାଷା
ଚିରଭାସ୍ୱର ବୃକ୍ଷ
ବୃକ୍ଷର ଭାଙ୍ଗରେ ଭାଙ୍ଗରେ

ବିଦ୍ୟୁତ୍ ପରି ବୃକ୍ଷର ବଢ଼ି ଉଠିବା,
ପ୍ରତିଧ୍ୱନିର ଜ୍ୟାମିତି : ପତ୍ର ଉପରେ
କବିତା। ନିଜକୁ ପ୍ରସ୍ତୁତ କରେ
ଯେମିତି ଦିନ
ମହାଶୂନ୍ୟତାର ତାଲୁ ଉପରେ।

କବିର ସମାଧି

ବହି
                    କାଚ
ସବୁଜ ଅସ୍ପଷ୍ଟ ଚିମ୍‌ନି
                    ରେକର୍ଡ଼
ଗୀତର ବିଛଣାରେ ତାର ଶାୟିତ ସୌନ୍ଦର୍ଯ୍ୟ
ବୁଡ଼ି ଯାଉଛି ନାମ ମଧ୍ୟରେ ଜିନିଷପତ୍ର
ସେମାନଙ୍କ ସଂପର୍କ ଆଖିରେ ଦେଖି
କହିବା ଅସମ୍ଭବ ବୋଲି କହି ପାରିବିନି
କେଉଁଠି
ସେମାନଙ୍କ ଉଦ୍ଦେଶ୍ୟରେ
ସ୍ୱଚ୍ଛ ଭାବରେ କହିବାକୁ କୁହାହେଲେ
ଲ୍ୟାମ୍ପ, ପେନସିଲ ପ୍ରତିକୃତି
ଆଉ ଯାହା ସବୁ ମୁଁ ଦେଖେ
ସେସବୁ ନେଇ ସର୍ବଦା କହେ
ଜୀବନ୍ତ କୌଣସି ମନ୍ଦିର ପରି
ରୋପଣ କରେ
ବୃକ୍ଷମ୍ ଦୃଶ୍ୟ,
                    ଜଣେ ଦେବତା
ଅମରତ୍ୱର
  ନାମରେ ମୁକୁଟ ପିନ୍ଧନ୍ତି
ମନେଠାର କଣ୍ଟାର ମୁକୁଟ
ବକ୍ତୃତା !
ଶାଖାପ୍ରଶାଖା ଆଉ
ତାର ଆସନ୍ନପ୍ରାୟ ଫୁଲ
ସୂର୍ଯ୍ୟ-ଯୌନ-ସୂର୍ଯ୍ୟ
ଛାୟାହୀନ ଫୁଲ

କେଉଁଠି ହୀନ ଅନ୍ୟ କେଉଁଠି
ଦିଗନ୍ତ ଭଳି
            ଖୋଲି ଯାଉଥାଏ
ନିର୍ଗୁଣ ପ୍ରସାରମାନତାରେ
ସ୍ୱଚ୍ଛତା ଦୃଷ୍ଟିର ଗୋଚର କରାଏ
ଜିନିଷପତ୍ର
ପତିତ ହୁଏ
ଉଠେ ଧରି ରଖିଥିବା
ପ୍ରତିଫଳନରେ
            ଦୃଷ୍ଟିପାତରେ
ଅସଂଖ୍ୟ ଚନ୍ଦ୍ରର ସଂଖ୍ୟା ବଢ଼ି ଉଠେ
            ସ୍ପେପିର ଅଞ୍ଚଳେ
ଏକ ଗୁଚ୍ଛ ବିଶ୍ୱ
            ସେହି ମୁହୂର୍ତ୍ତରେ
ଦୀପ୍ତି ପ୍ରାପ୍ତ ଶାଖାସମୂହ
ଗତିଶୀଳ ନକ୍ଷତ୍ରର ଅରଣ୍ୟ
ଘୁରି ବୁଲୁଥିବା ଶବ୍ଦରାଜି
କୋଟି କୋଟି ବାଲିକଣା ଅନ୍ତହୀନ ଝରିଯାଉଛି
ଜୁଆରଭଙ୍ଗା
ସମୟର ସକଳ ସମୟ ହୋଇ ଉଠେ
ଏଠାରେ କେଉଁଠି କହି ପାରିବିନି କାହିଁ
ଗୋଟାଏ ନାମ
ତା ଉପରେ
            ଆରମ୍ଭ ହୁଏ, ଥମିଯାଏ, ରୋପିତ ହୁଏ
ଏକ ଅରଣ୍ୟ ପରି କୁହାଯାଇପାରେ
ଯାହା ଚିନ୍ତା କରେ
ରକ୍ତମାଂସର ହୋଇ ଉଠେ
ଏକ ବଂଶଲତିକା ଆରମ୍ଭ ହୁଏ
            ଗୋଟାଏ ନାମ ମଧ୍ୟରେ

ଜଣେ ଆଦମ୍
            ଜୀବନ୍ତ ମନ୍ଦିର ଭଳି
ଛାୟାହୀନ ନାମ
            ଦେବତା ପରି
ସ୍ୱଷ୍ଟ
  ଏଇ ଏଠାରେ - ଯାହାର କେଉଁଠି
ବକ୍ତୃତା ।   କିଛି ନାହିଁ
ମୁଁ ଏହାର ଆରମ୍ଭରେ ଥମିଯାଏ
ଏଇ ଯା କିଛି ମୁଁ କହୁଛି ମୁଁ ଥମିଯାଏ
ହୋଇଉଠେ
  କ୍ଷଣିକର ଏକ ନାମର ଛାୟା
ମୁଁ କେବେ ବି ଜାଣେନା ମୋର
            ଅସମାପ୍ତ ବନ୍ଧନର କଥା ।

■

ଉଟ୍‌କାମଣ୍ଡ

॥୧॥

ନୀଳଗିରି ପାହାଡ଼ରେ
ମୁଁ ଖୋଜୁଥିଲି ଟୋଡ଼ା ।
ସେମାନଙ୍କର ମନ୍ଦିରସବୁ
            ମଞ୍ଚାକୃତି ଅସ୍ତାବଳ
ହାଡ଼ ଗିଜ୍‌ଗିଜ୍ ଦାଢ଼ିଥିବାଲା ଦୁର୍ଜ୍ଞେୟ
ସେମାନଙ୍କର ପବିତ୍ର ମେଷର
            କ୍ଷୀର ଦୁହୁଁଥିଲେ ସେମାନେ ।
ଯେତେବେଳେ
ମହୁମାଛିର ଅସଂଲଗ୍ନ ଗୁଞ୍ଜନ ପରି
ଗୁନ୍‌ଗୁନ୍ କରି ଉଠୁଥିଲା ।

ଗ୍ରୀଷ୍ମଠାରୁ ସେମାନେ ଏକ ଗୋପନତାର
ଅର୍ଥ ଯଦିଓ ଜାଣନ୍ତି ନାହିଁ ।
ସେ ଗୋପନତା ରକ୍ଷାକରେ
ଆଉ ପ୍ରାଚୀନମାନଙ୍କର ଶୁଖିଲା ଓଠର
କୁଂଚନରୁ ଭାସି ଆସେ ବିଡ୍‌ବିଡ୍
ନିଷ୍ଠୁରା ଦେବୀ ଇମ୍‌ଟାରର ନାମ
ଶୂନ୍ୟ କୂପ ଭିତରେ ଯିଏ ଦୀପ୍ତମାନ
ଫାଳେ ଚନ୍ଦ୍ରମାର ଆଲୋକ ପରି ।

॥୨॥

ସେସିଲ ହୋଟେଲ୍‌ର ବାରଣ୍ଡା ଉପରେ
ମିସ୍ ପେନିଲୋପ୍ (କ୍ୟାନାରି ପକ୍ଷୀ
ପରି କେଶ, ଓ୍ୱାକିଙ୍ଗ୍ ଷ୍ଟିକ୍, ଉଲ୍‌ର ମୋଜା)
ତିରିଶ ବର୍ଷ ଧରି ବାରମ୍ବାର କହି

ଆସିଛନ୍ତି: ହେ ଭାରତ, ସୁଯୋଗ
ହରେଇଥିବା ଦେଶ...
ମଥା ଉପରେ ଜ୍ୟାକାରାନ୍ଦାର
ଆତସବାଜିର ଆକାଶ
  କାକମାନଙ୍କର
ଧୂସର କର୍କଶ କା-କା।

॥୩॥
ଲମ୍ବା ଲମ୍ବା ଘାସ, ଛୋଟ ଛୋଟ ଗଛ,
ଅନିଶ୍ଚିତ କ୍ଷେତ। ମୁକ୍ତ ସ୍ଥାନରେ
ଉଡ଼ନ୍ତା ଉଇପୋକସବୁ ତିଆରି କରିଛନ୍ତି
କ୍ଷୁଦ୍ର ଏକ ଚକ୍ଷୁ ଦୈତ୍ୟ ପରି
ପ୍ରାସାଦ ପରେ ପ୍ରାସାଦ।
ସ୍ମୃତି ତର୍ପଣରେ ଭାସି ଉଠେ
ମାଇସିନେ ଓ ମାଚ୍ଚୁ-ପିଚ୍ଚୁ

॥୪॥
ପତ୍ରରେ ପତ୍ରରେ ଭରା ଓ ଉଜ୍ଜ୍ୱଳତର
ଆ୍ୟାଶ୍ ବୃକ୍ଷ ପରି ନିମଗଛ
ଗାୟକ ଗଛ

॥୫॥
ପଥଧାରର ଏହି ଦୃଶ୍ୟ
ଗହ୍ୱରରୁ ଉଙ୍କି ମାରୁଛି
ଗୋଲାପି କ୍ୟାମେଲିୟା ଗଛ।
ନିର୍ବାକ ସବୁଜର ସମୁଦ୍ରରେ
ଦୀପ୍ତିମୟ, ଯେମିତି ନଇଁ ଆସୁଥିବା
ମହାଶୂନ୍ୟତାରେ ଆରୋପିତ।
ଉପଲବ୍ଧିର ଅସାଧ୍ୟ ଉପସ୍ଥିତି
ଅନାୟାସରେ ମଥା ଘୁରେଇ ଦିଏ
ଯାର ଭାଷା।

।।୬।।

ରାତ୍ରି ଭିତରେ ବଢ଼ି ଉଠେ
ଆକାଶ
ଇଉକ୍ୟାଲିପଟାସ୍‌ର ମଶାଲ୍ ।
ନକ୍ଷତ୍ରପୁଞ୍ଜ ଶୋଭିତ ବିଶାଳ
ମହାକାଶ
ମୋତେ ଚୂର୍ଣ୍ଣବିଚୂର୍ଣ୍ଣ କରେନା
ବରଂ ଡାକେ ।

ପହେଲା ଜାନୁୟାରୀ

ବର୍ଷକର ଦରଜା ଖୋଲିଯାଏ
ଯେମିତି ଭାଷାର
ଅଜଣା ଦିଗକୁ
ଗତ ରାତିରେ ତୁମେ କହିଥିଲ ମୋତେ:
ଆଗାମି କାଲି
ଚିହ୍ନ ନେଇ ଆମ୍ଭମାନଙ୍କୁ ଭାବିବାକୁ ହେବ
ଏକ ସ୍କେଚ୍ ଆଙ୍କିବାକୁ ହେବ
ପ୍ରାକୃତିକ ଦୃଶ୍ୟର, ଦିନର ଓ କାଗଜର
ଉଭୟ ପୃଷ୍ଠାରେ ହିଁ ବୁଣିବାକୁ ହେବ
ଗୋଟିଏ ପରିକଳ୍ପନା। ଆଗାମି କାଲି
ପୁନରାୟ ଆମକୁ ଉଦ୍‌ଭାବନ କରିବାକୁ ହେବ
ଏ ପୃଥିବୀର ପ୍ରକୃତ ସତ୍ୟ କଣ ?
ମୁଁ ଦେରିରେ ଆଖି ଖୋଲେ।

ଏକ ପଲକର ପଲକରେ ମୁଁ ଅନୁଭବ କରେ
ଆଜଟେକ୍‌ମାନେ ଯାହା ଭାବିଥିଲେ
ଦିଗନ୍ତର ଫାଟ ମଧ୍ୟରୁ
ଅପ୍ରତ୍ୟାଶିତ ଭାବରେ
ସମୟର ଫେରି ଆସିବାର ପ୍ରତୀକ୍ଷା।
ଶୈଳାନ୍ତରୀପର ଚୂଡ଼ାରେ ଥିଲା ଶାୟିତ।

କିନ୍ତୁ ନା, ବର୍ଷ ଫେରିଥିଲା
ସାରା ଘର ଭରି ଯାଇଥିଲା
ଆଉ ଆଶାୟୀ ଆଖି ତାହା ପ୍ରାୟ
ସ୍ପର୍ଶ କରିଥିଲା।
ସମୟ ଆମର କୌଣସି ସାହାଯ୍ୟ
ନ ନେଇ ହିଁ

ଗତକାଲିର ଶୂନ୍ୟ ଗଳିର ଘରଦ୍ୱାର
ସବୁ କିଛି ପରି ହିଁ
ଘରଦ୍ୱାର ଉପରେ ବିଛେଇ ପଡ଼ିଥିଲା
ତୁଷାର
ତୁଷାର ଉପର ସ୍ତବ୍ଧତା ।
ତୁମେ ସେତେବେଳେ ବି
ଶୋଇଥିଲ ମୋ ପାଖରେ ।
ଦିନ ତୁମକୁ ଆବିଷ୍କାର କରିଥିଲା
ଯଦିଓ ସେତେବେଳେ ତୁମେ
ଆବିଷ୍କୃତ ହେବାକୁ ଚାହିଁନା ଦିନ ଦ୍ୱାରା
ଏମିତି ଚାହେଁନା ଆବିଷ୍କାର କରୁ ମୋର ଅସ୍ତିତ୍ୱ
ତୁମେ ଥିଲ ଅନ୍ୟ ଦିନର ମଧ୍ୟରେ
ଆଉ ମୁଁ ତୁମକୁ ଦେଖୁଥିଲି
ଯେମିତି ଭାବରେ ତୁଷାର ଶୋଇଥାଏ
ତୁଷାରରେ ।

ଆମର କୌଣସି ସାହାଯ୍ୟ ନ ନେଇ ହିଁ
ସମୟ ଆବିଷ୍କାର କରେ ଘରସବୁ ବୃକ୍ଷଲତା
ରାସ୍ତା ଆଉ ଶୋଇଥିବା ଝିଅମାନଙ୍କୁ ।
ଯେତେବେଳେ ତୁମେ ନିଦରୁ ଉଠିବ
ଆମେ ପୁନରାୟ ଘରଦ୍ୱାର ଓ ସେମାନଙ୍କର
ଆବିଷ୍କାରର ମଧ୍ୟ ଦେଇ ଚାଲିଯିବା ।
ଆମେ ଚାଲିଯିବା ଯେ କୌଣସି
ଦୃଷ୍ଟି ଗୋଚରତା ମଧ୍ୟରେ ଏବଂ ସମୟ
ଓ ତାର ଉପଗତ ହେବାର ସାକ୍ଷୀ ରହିଥିବ ।
ହୁଏତ ଆମେ ହିଁ ଖୋଲିବା ଦିନର ଦରଜା
ଏବଂ ତା ପରେ ହିଁ ଆମେ ପ୍ରବେଶ କରିବା
ଅଜଣାର ମଧ୍ୟରେ ।

ପବିତ୍ର ଡିମିରି ଗଛ

ବତାସ
ଫଳର ଡକାୟତ
(ବାନର, ପକ୍ଷୀ)
ଡାଳେ ଡାଳେ ବୁଣେ ବୀଜ
ଏକ ସୁଦୀର୍ଘ ବୃକ୍ଷର
ସବୁଜ ଓ ଅନୁନାଦୀ,
ଉଛୁଳିଉଠା ବିଶାଳ ପିୟାଲା
ଯହିଁରେ ସୂର୍ଯ୍ୟସବୁ ପାନ କରନ୍ତି
ବତାସର ଶିରାପ୍ରଶିରା
ବିସ୍ଫାରିତ ଖୋଲିଯାଏ ଶୂନ୍ୟତାକୁ
ଧରିରଖେ ତାରାଗଛ
ମଥା ରିମ୍‌ଝିମ୍ ଘୁରିଯାଏ
ଆଉ ତା ମଧ୍ୟରେ ରଜୁ ଜନ୍ମନିଏ
ଆନ୍ଦୋଳିତ କରେ, ପ୍ରସବ କରେ
ବର୍ଷ ପରେ ବର୍ଷ ଝରି ପଡ଼େ
ସରଳ ରେଖାରେ।
ଏହାର ଝରା -
ଜଳରେ ଲମ୍ଫ ଦେବା
ଯେମିତି ଲମ୍ଫ ନ ଦିଏ ଜମିଥିବା ଫ୍ରିଜ୍
ସମୟ ରୂପାନ୍ତରିତ ହୁଏ ଶିଳାରେ
ସିଏ ସେ ତାର ପଥ ଅନୁଭବ କରେ
ପ୍ରସାରିତ କରେ ଦୀର୍ଘମୂଳ
ଆଉ ନୃତ୍ୟରତ ଶାଖା
କଳା
ଲେସ୍‌ବୁଣା ଝରଣା,
ସବଳେ ଆଗେଇ ଯାଏ

ସ୍ତମ୍ଭ ଶ୍ରେଣୀରେ,
ଖନନ କରେ ଆର୍ଦ୍ର ଗ୍ୟାଲାରି
ଯା ଭିତରେ ପ୍ରତିଧ୍ୱନି ଜନ୍ମନିଏ, ମରିଯାଏ
ତନ୍ଦ୍ରାଭ କଂପନ
ରୂପାନ୍ତରିତ ହୁଏ ସୂର୍ଯ୍ୟର ନୀରବତାରେ
ପ୍ରତିଦିନ ରୂପାନ୍ତରିତ ହୁଏ କାର୍‌ବନ୍‌ରେ।
ଅସ୍ତ୍ରଶସ୍ତ୍ର, ଦଉଡ଼ିଦଉଡ଼ା, ବେଡ୍‌
ମାସ୍ତୁଲ୍ ଆଉ ସମୁଦ୍ରଗର୍ଭସ୍ଥ
ତାର ନିମଜ୍ଜିତ ଦ୍ରୁତଗାମୀ ଜାହାଜ।
ଉଦ୍ଦେଶ୍ୟହୀନ ଘୁରି ବୁଲୁଥିବା ମୂଳ
ଆରୋହଣ କରେ
ଆଉ କୁଣ୍ଡଳୀ ପକାଏ ଏକ ସଙ୍ଗରେ।
ଏସବୁ ହେଲା ହାତର ଘନ ବୁଦା
ତାର ଶରୀର ପାଇଁ ପହଞ୍ଚାଏ
ମାଟି ପାଇଁ ନୁହେଁ !
ସେମାନେ ବୁଣି ଚାଲିଛନ୍ତି ପରସ୍ପରକୁ
କୋଳାକୋଳି।
ବୃକ୍ଷ ହେଲା
ଜୀବନ୍ତ ପ୍ରାଚୀର।
ତାର ମୂଳ
ଶତବର୍ଷ ନିଏ ପଚିବାକୁ।
ତାର ଶୀର୍ଷ ଦେଶ
ଲଣ୍ଠିତ ମସ୍ତକର ଖପୁରୀ
ହରିଣର ଭାଙ୍ଗି ଯାଇଥିବା ଶିଂଘ
ତଳେ ଚର୍ମର ଆଲ୍‌ଖାଲା,
ଗୁଞ୍ଜନରତ ଢେଉ ଯାହା ସ୍ୱର ବାନ୍ଧେ
ଫୋକସ୍‌ରେ ଲାଲ୍‌ରୁ ଗୈରିକ
ଗୈରିକରୁ ସବୁଜ,
ନିଜେ ହିଁ ନିଜର ଗଣ୍ଡିରେ ଧରାପଡ଼େ

ଦୁଇ ହଜାର ବର୍ଷ
ଡିମିରି ଗଛ ହାମାଗୁଡ଼ି ଦିଏ
ଉର୍ଦ୍ଧ୍ୱକୁ ବଢ଼େ
ନିଜେ ହିଁ ନିଜର ଶ୍ୱାସରୋଧ କରେ।

ବ୍ୟାପ୍ଟିଜିମ୍‌ର ଫଳ

ଜଣେ ଖ୍ରୀଷ୍ଟିୟାନ୍‌ ତରୁଣୀକୁ
    ବିବାହ କରିବା ପାଇଁ
ତରୁଣ ହାସାନ
ବ୍ୟାପ୍‌ଟାଇଜ୍‌ଡ ହେଲା।
ଯେମିତି ସେ ଥିଲା ଭାଇକିଂ ।
ପୁରୋହିତ
ତାର ନାମ ଦେଲେ ଏରିକା
ବର୍ତ୍ତମାନରୁ
ତାର ଦୁଇଟି ନାମ
ଅଥଚ ଗୋଟିଏ ମାତ୍ର ସ୍ତ୍ରୀ ।

ଟ୍ରାଉବ୍ରୀଜ ଷ୍ଟ୍ରିଟ୍

॥୧॥

ସାରାଦିନ ସୂର୍ଯ୍ୟର ଆଲୋକ
ସାରାଟା ସୂର୍ଯ୍ୟ ଭିତରେ ଶୀତଳତା
ପଥରେ କେହି ନାହାନ୍ତି
ପାର୍କ ସାରା କାର୍
ଏଠାରେ ତୁଷାର ନାହିଁ
ତଥାପି ହାୱା ହାୱା
ଗୋଟାଏ ଗୋଟାଏ ଲାଲଗଛ
ଏବେ ବି ଜଳୁଛି ହେମାଳ ହାୱାରେ
ତା ସହିତ କଥା କହେ ମୁଁ
ତମ ସହିତ କଥା କହେ ସେ ।

॥୨॥

ଭାଷା ପରିତ୍ୟକ୍ତ ଏକ ଘର ଭିତରେ ମୁଁ
ତୁମେ ବି ଠିକ୍ ଏକଇ ରକମ୍
ଗୋଟାଏ ଘରେ
ଅଥବା ଆମେ ଦୁହେ ହିଁ ପଥରେ
ତମର ଦୃଷ୍ଟି ପଡ଼ିବା ମାତ୍ରେ ହିଁ
ଲୋକବାକ ହାୱା
ପୃଥିବୀ
ଅଦୃଶ୍ୟ ଭାବରେ
ଦୂରକୁ ଘୁଂଚି ଆସିଛି ସ୍ମୃତି
ଆମର ପାଦତଳେ କ୍ଷୟ ହୋଇ ଯାଉଛି
ଅଲେଖା ଏଇ ଲାଇନ ମଝିରେ
ମୁଁ ଥମି ଗଲି ।

॥୩॥

ଦରଜା ଆପଣା ଛାଏଁ ଖୋଲିଯାଏ ବନ୍ଦ ହୁଏ ପବନ
ଘରେ ଆସେ ଆଉ ଯାଏ ପବନ
ନିଜେ ନିଜେ ହିଁ କଥା କହେ
ତମ ସଙ୍ଗରେ କଥା କହେ ପବନ
ନାମହୀନ ଅନ୍ତହୀନ କରିଡ଼ରରେ
କିଏ ଜାଣେ କିଏ ଅଛି ଅନ୍ୟ ଦିଗରେ ?
ପବନ
ଘୁରୁଛି ଘୁରି ହିଁ ଚାଲିଛି ମୋର ଶୂନ୍ୟ ଗଳିରେ
ପବନ
ଯାହାକିଛି ସ୍ପର୍ଶ କରି ରୂପାନ୍ତରିତ କରେ ପବନରେ
ପବନ
ହାୱାର ନିଆଁରେ ସବୁ କିଛି ହିଁ
ଫିଙ୍ଗି ପୋଫାଡ଼ି ଦିଏ
ମୁଁ କହେ ମୁଁ ହିଁ ପବନ
ତୁମ୍ଭେମାନେ ଦେଖିପାରନା
ମୁଁ ଖୋଲି ଦିଏନା ତୁମ୍ଭମାନଙ୍କର ଆଖି
ମୁଁ ଦରଜା ବନ୍ଦ କରି ପାରେନା
ପବନ ରୂପାନ୍ତରିତ କଠିଣ ପଦାର୍ଥରେ ।

॥୪॥

ସ୍ତବ୍ଧତା ସଦୃଶ ଏହି ସମୟର ଆକୃତି
ଏହି ସ୍ତବ୍ଧତା ତମର ଆକୃତି
ତମର ଆକୃତି ଜଳ ଫୁଆରା ପରି
ଯାହା ଜଳରେ ତିଆରି ନା ସମୟରେ
ମୋର ଟୁକୁରା - ଟାକୁରା ମେଢ଼
ଦେଇ ବାହାରୁଛି
ଜେଟିର ପ୍ରାନ୍ତମୁଖେ
ମୁଁ ଯାହା ଥିଲି ଓ ଅଛି ଏବଂ ମୁଁ ଯାହା ନୁହେଁ

ମୋର ଜୀବନଯାକର ଶୂନ୍ୟ
ଅତୀତ ମିଳେଇ ଯାଉଛି
ଭବିଷ୍ୟତ ତମରି ଆଖିରେ
ବିନ୍ଦୁଏ ଜଳ ମାତ୍ର।

॥୫॥
ବର୍ତ୍ତମାନ ତମର ସେତୁ ସଦୃଶ ଆକୃତି
ଆମ୍ଭମାନଙ୍କର ଘର
ତମର ଧନୁକାକୃତି ଜ୍ୟାର୍ ତଳେ
ଆମେ ଦେଖୁଛୁ ତମର ରେଲିଂ ପାରେଇ
ଚାଲି ଯାଉଛି ପବନରେ ଆହୁରି ଆଲୋକ
ତମର ଢେଉଢେଉକା ଦେହ ଅପେକ୍ଷା
ସୂର୍ଯ୍ୟ ଅନ୍ୟତୀରେ
ସମ୍ପୂର୍ଣ୍ଣ ଓଲଟି ଯିବାଟା କ୍ରମଶ ବଢୁଛି
ମୂଳ ଆକାଶର ଗଭୀର କବରରେ
ଆମ୍ଭେମାନେ ନିଜକୁ ଲୁଚେଇ ପାରୁ
ତାର ଗହଳ ପର୍ଣ୍ଣରାଜି
ଭିତରେ
ତାର ଶାଖାଗୁଡ଼ିକ ନେଇ ବହୁ ଉତ୍ସବ।
କରିଦେଇ ପାରୁ
ନିର୍ଦ୍ଦିଷ୍ଟ ବସବାସଯୋଗ୍ୟ।

॥୬॥
ଅର୍ଣ୍ଣାରେ ନିଶ୍ଚଳ ପୃଥବୀ
କାଚରେ ତିଆରି ମହାଶୂନ୍ୟ
ବତାସର ତିଆରି କାଚ
ସାମାନ୍ୟ ଶବ୍ଦରେ ତିଆରି ହୁଏ
ଦ୍ରୁତ ସ୍ଥାପତ୍ୟସମୂହ
ପ୍ରତିଧ୍ୱନି ସେ ସବୁ ପୁଂଜିଭୂତ କରି
ବିଛେଇ ଦିଏ

ହାତରେ ବି ହୋଇପାରେ
       ତୁଷାରପାତ
କମ୍ପୁଛି ଜ୍ୱଳନ୍ତ ବୃକ୍ଷମାନ
ଏବେ ରାତ୍ରି ପରିବୃତ
ଯାହା ସଙ୍ଗରେ କଥା କହେ ସେ ତୁମେ
ମୁଁ କଥା କହେ ତୁମରି ସଙ୍ଗରେ ।

ହୃଦୟରେ ସୁଖାନୁଭୂତି

(କାର୍ଲୋସ୍ ପେଲିସାରଙ୍କୁ)

ଯେମିତି ଖୁସି
ଯେଉଁ ଭାବରେ ଲେଖୁଛି ଲାଇନ୍‌ଗୁଡ଼ିକ;
ମୁଁ ଆସିଥିଲି ଏଠିକି
ନୀଳ ଓ ସବୁଜ ମସଜିଦ୍,
ମଥାକଟା ମିନାର
ଦୁଇ ବା ତିନୋଟି ଗମ୍ବୁଜ,
ଜଣେ ସନ୍ୟାସୀ-କବିର ସ୍ମୃତି
ତୈମୁର ଓ ତାଙ୍କ ବଂଶଧରମାନଙ୍କର ନାମ ।

ଶହେ ଦିନର ବତାସ ସହ
                ମୋର ସାକ୍ଷାତକାର ଘଟିଥିଲା ।
ସମସ୍ତ ରାତି ଉପରେ ଯାହା
ବିଛେଇ ଦେଇଥିଲା ବାଲି । ଯନ୍ତ୍ରଣାରେ
କମ୍ପି ଉଠୁଥିଲା ଭୂରୁ, ପୋଡ଼ି ଯାଉଥିଲା
                ଆଖିର ପତା ।
ଭୋର୍‌ରେ;
                ବିସ୍ତରି ପଡ଼ିଛନ୍ତି ଦଶ ଦିଂଗତରେ ପକ୍ଷୀମାନେ
ଆଉ ଶିଳାରେ ଶିଳାରେ
ଜଳର ଶବ୍ଦ, ଯେମିତି କୃଷକର ପଦଧ୍ୱନି ।
(ଜଳରେ ଧୂଳିବାଲିର ସ୍ୱାଦ)
ସମତଳରେ ମର୍ମର ଧ୍ୱନି,
ଆବିର୍ଭାବ
                ଅନ୍ତର୍ଧାନ
ଗିରିମାଟିର ଘୂର୍ଣ୍ଣିଝଡ଼
ମୋର ଚିନ୍ତା ଭଳି ଅବାନ୍ତର, ଅଳିକ ।

ଚକ ପରି ଘୁରି ଯାଉଛି, ଘୁରି ଯାଉଛି
ହୋଟେଲଘରେ ପାହାଡ଼େ ପାହାଡ଼େ:
ଏହି ଦେଶ ଏକ ଓଟର କବରସ୍ଥାନ
ଆଉ ମୋର ଚିନ୍ମୟ ଚିନ୍ତାର ଗଭୀରତାରେ
ସବୁ ସମୟରେ ସେଇ ଭାଙ୍ଗକରା ମୁହଁର ସମାବେଶ
ଧ୍ୱଂସର ରାଜା ବତାସ, କଣ ମୋର
ଏକମାତ୍ର ପ୍ରଭୂ ?
କ୍ଷୟ:
ନା-ସୂଚକ କ୍ରମାନ୍ୱରେ ବଢ଼ିଚାଲେ।
ଋଷିର କବରରେ
ମୁଁ ଗୋଟାଏ ନଖ କାଟେ
ପ୍ରାଣହୀନ ବୃକ୍ଷର ଅନେକ ଗଭୀରେ,
ନା,
ଅନ୍ୟମାନଙ୍କ ଭଳି ନୁହେଁ,
ଅଶୁଭ ଆଖିର ବିରୁଦ୍ଧରେ:
ନିଜର ହିଁ ବିରୁଦ୍ଧରେ।
(ମୁଁ ଯେମିତି କଣ କହିଲି
ପବନ ଉଡ଼େଇ ନେଇଗଲା
ସେସବୁ କଥା)
ଦିନେ ଅପରାହ୍ଣରେ
ଶିଖର ଦେଶକୁ
ଡାକ ଆସେ
ଠିଆହୋଇ ରହିବି
ପପ୍ଲାର୍ ଘୁରିବୁଲେ ଚତୁର୍ଦ୍ଦିଗରେ।
ଝକମକ ଟାଲି ଉପରେ ସୂର୍ଯ୍ୟ
ହଠାତ୍ କାଳ ମଧୁମାସ
ଜେନାନା ବଗିଚାରେ
ମୁଁ ଉଠେ ନୀଳକାନ୍ତମଣି ଗମ୍ବୁଜରେ।
ଗୋଟାଏ ଗୋଟାଏ ଚରିତ୍ରରେ
ଗୁଦ୍‌ନୀଗୁଦା ମିନାର :

ଅର୍ଥ ବ୍ୟତିରେକେ ହିଁ
ଯେଉଁ କିଉଫିକ୍ ପାଣ୍ଡୁଲିପିର
ମର୍ମୋଦ୍ଧାର କରାଯାଏ।
ଚିତ୍ରକଳ୍ପ ବ୍ୟତୀତ ମୁଁ
କେଉଁ ଦୃଶ୍ୟ ହିଁ ଦେଖିବାକୁ ପାଉ ନଥିଲି
ନିଶ୍ଚଳ ଭାବ ଭିତରେ
ଅଦୃଶ୍ୟ ନ ହେବା ପର୍ଯ୍ୟନ୍ତ
ମୁଁ ନିର୍ଦ୍ଦୟ କୌଣସି ଆକାରର ଘୂର୍ଣ୍ଣି
ଦେଖିବାକୁ ପାଏନା।
ବସ୍ତୁ ଛଡ଼ା ହିଁ ଜୀବନର ମହତ୍ତ୍ୱ ଅଛି
ସୁଫି ମତବାଦରେ ।
ଶୂନ୍ୟତା ଭିତରେ
ମୁଁ ପାନ କରେନା କୌଣସି ସଂପୂର୍ଣ୍ଣତା
ଏମିତିକି ଦେଖିବାକୁ ପାଇବି ନାହିଁ
ବୋଧିସତ୍ତ୍ୱର ହୀରକ ଦେହର
ଦୁଇଟି ଓ ତିରିଶଟି ଚିହ୍ନ।
ମୁଁ ଦେଖେ ନୀଳ ଆକାଶ
ଓ ନୀଳର ଅସଂଖ୍ୟ ନୀଳ
ଘନନୀଳ ଛାୟା,
ଆଉ ପପ୍‌ଲାର୍‌ର ପଥର ବିଛେଇ ହୋଇ
ପଡ଼ିଥିବା ସବୁଜ ଓ ସାଦା,
କଳା-ଧଳା ଓ ଉଜ୍ଜ୍ୱଳ
ହାୱାର ଅପେକ୍ଷା ବି ହାଲୁକା ପକ୍ଷୀ।
ମୁଁ ଦେଖେ ବିଶ୍ୱ ଚରାଚର
ତାର ନିଜସ୍ୱ ଗଭୀରେ ମଗ୍ନ।
ମୁଁ ଦେଖେ ଜନ୍ମ ବା ଆବିର୍ଭାବ
ଆଉ ସେହି ଅର୍ଦ୍ଧେକ ସମୟର
ମୁଁ ନାମ ଦିଏ : ସୀମାର ପୂର୍ଣ୍ଣତା।

■

ଧ୍ୱଂସ ମଧ୍ୟରେ ସ୍ତୋତ୍ର

ସ୍ୱୟଂ ମୁକୁଟପିନ୍ଧା ଦିନ ତାର
ପାଲକ ଦେଖାଏ
ଦୀର୍ଘ ଏବଂ ପୀତାଭ ଚିତ୍କାର
ପକ୍ଷପାତଶୂନ୍ୟ ଓ ମଙ୍ଗଳମୟ
ମଧ୍ୟ ଆକାଶରେ ପ୍ରସ୍ରବଣ।
ଏ ସବୁର ମଧ୍ୟରେ ହିଁ ଆବିର୍ଭୂତ ହେବା
ଭାରି ସୁନ୍ଦର କ୍ଷଣସ୍ଥାୟୀ ସତ୍ୟରେ।
ସମୁଦ୍ର ଆବୃତ୍ତ କରେ ସୈକତ ଭୂମି
ଦୁଇଟି ଶିଳାର ସନ୍ଧିରେ
ଅଟକି ରହିଛି ଝଲମଲ
ସ୍ୱର୍ଣ୍ଣାଭ ବୁଢ଼ିଆଣି
ପାହାଡ଼ ଦେହରେ
ଚିକ୍‌ଚିକ୍ କରେ ଶୀଶାରଙ୍ଗର କ୍ଷତ,
ମୁଠାଏ ନୁଡ଼ି ପଥର ହୋଇଯାଆନ୍ତି
ପଲେ ଛାଗଳ,
ସମୁଦ୍ର ଉପରେ ସୂର୍ଯ୍ୟ ଦିଏ ସୁନାର ଅଣ୍ଡା।
ସବୁ ହିଁ ଈଶ୍ୱର।
ଗୋଟାଏ ଭଙ୍ଗା ଖୋଦେଇକରା ପ୍ରତିମୂର୍ତ୍ତି
ଆଲୋକଚର୍ବିତ ଧାଡ଼ି ଧାଡ଼ି ସ୍ତମ୍ଭ
ଜୀବନର ମୃତ୍ୟୁଲୋକରେ ଜୀବନ୍ତ ଧ୍ୱଂସସ୍ତୂପ।
ତେଓତିଉକାନରେ ରାତ୍ରି ନଇଁ ଆସେ।
ପିରାମିଡ଼ର ଚୂଡ଼ାରେ ବସି ପିଲାଏ
ଟାଣୁଛନ୍ତି ଗଂଜେଇ
ଓ କର୍କଶ ଗିଟାର୍‌ର ସୁର୍।
କେଉଁ ଅପନ୍ତରା, କେଉଁ ଜୀବନ୍ତ ଜଳ
ଆମକୁ ଦେବ ଜୀବନ,
କେଉଁଠି ଆମ୍ଭେମାନେ

ମାଟି ଆଡ଼େଇ ବାହାର କରିବୁ ଶବ୍ଦ,
ସ୍ତୋତ୍ର ଓ ଭାଷାକୁ ନିୟନ୍ତ୍ରଣ କରେ
ଯେଉଁ ସବୁ ସଂପର୍କ,
ନାଚ, ସହର ଆଉ ଓଜନ ଦଣ୍ଡି ?
ମେହିକୋର ସଂଗୀତ ବିଦୀର୍ଣ୍ଣ ହୁଏ
ଅଭିଶାପରେ,
ଏକ ରଂଗିନ ନକ୍ଷତ୍ର ନିର୍ବାପିତ ହୁଏ
ଗୋଟାଏ ପଥର ଆଢୁଆଳ କରେ
ଆମ ସଂପର୍କର ଦରଜା ।
ପଙ୍କ ପରି ଲାଗେ ମାଟିର ସ୍ୱାଦ ।

ଆଖି ଦେଖେ, ସ୍ପର୍ଶ କରେ ହାତ ।
ଏଠାରେ କେତୋଟି ପଦାର୍ଥ ହିଁ ଯଥେଷ୍ଟ
କଣ୍ଟାବାଲା ନାସପାତି, ଲାଲ କଣ୍ଟାବାଲା ଗ୍ରହ
ବୁର୍‌ଖାପିନ୍ଧା ଡିମିରି
ଅଙ୍ଗୁର୍, ଯା'ର ସ୍ୱାଦ ପୁନର୍ଜୀବନ ଭଳି
ଗୁଗ୍‌ଲି, ଜିଦ୍ଦୀ,କୁମାରୀତ୍ୱ
ଲୁଣ, ପନିର, ମଦ, ସୌର-ରୁଟି
ଗୋଟାଏ ଦ୍ୱୀପବାଳିକା ତାର ଗୋଧୂଳି ରଂଗର
ଉଚ୍ଚତାରୁ ମୋ ଆଡ଼କୁ ଚାହିଁ ରହିଥାଏ,
ଆଲୋକର ପୋଷାକପିନ୍ଧା ଏକ ତନ୍ୱୀ କ୍ୟାଥେଡ୍ରାଲ ।
ବେଳାଭୂମିର ସବୁଜ ପାଇନ୍ ପଛଭୂମିରେ
ଏକ ଲବଣର ମୀନାର
ଧାଡ଼ି ଧାଡି ନୌକାର ସାଦାପାଲ ଦୋଳେ
ସମୁଦ୍ର ଉପରେ ମନ୍ଦିର ଗଢ଼େ ଆଲୋକ ।
ନ୍ୟୁୟର୍କ, ଲଣ୍ଡନ, ମସ୍କୋ ।
ଛାୟା ସମତଳକୁ ଢାଙ୍କି ନିଏ କାହାର
ଅଳିକ ଆଇଭି ଲତାରେ,
ଅସ୍ଥିର ଓ ଥରଥର କମ୍ପିତ ଗଛପତ୍ରରେ

ଲେଂଟି ମୂଷିକ ପରି ପଶମରେ
ବନ୍ୟ ମୂଷିକର ପଲରେ।
କେବେ କେବେ ରକ୍ତାକ୍ତ ସୂର୍ଯ୍ୟ କମ୍ପି ଉଠେ
ଗତକାଲି ପାହାଡ଼ ଥିଲା
ଏମିତି ସବୁ ପାହାଡ଼ରେ ନିଜେ ନିଜେ ହିଁ
ଆଉଜେଇ ପୋଲିଫେମୋ ସର୍ପିଳ
ଗତିରେ ଚାଲେ !
ତଳେ ଗୋଟାଏ ପରେ
ଗୋଟାଏ ଖାତ ଭିତରେ ଟାଣି ଓଟାରି ହୋଇ
ଚାଲିଛନ୍ତି ପଲେ ମଣିଷ।
ଏଇସବୁ ଦିନ ବି ଯେଉଁମାନଙ୍କୁ ଲୋକେ
କୁତ୍ସିତ ମନେ କରିଛନ୍ତି
ପ୍ରତିଟି ଦିନର ସୁନ୍ଦର ଗଢ଼ଣ ଦେଖା,
ସ୍ପର୍ଶ କରା।
ଆଲୋକ ସ୍ପନ୍ଦିତ ହୁଏ
ଆଉ ଯେତେ ସବୁ
ଡେଣା ଓ ତୀର,
ଟେବୁଲ କ୍ଲଥ ଉପରର ମଦର ଦାଗରେ
ରକ୍ତର ଗନ୍ଧ।
ଯେମିତି ପ୍ରବାଳ ଜଳ ଭିତରେ
ପ୍ରସାରିତ କରେ ଡାଳପତ୍ର
ମୁଁ ମୋର ସକଳ ଅନୁଭୂତି
ବିସ୍ତାରି ଦିଏ ଏହି ଜୀବନ୍ତ ସମୟରେ:
ମୁହୂର୍ତ୍ତଟି ଭରି ଉଠେ ନିଜେ ନିଜେ ହିଁ
ପୀତାଭ ଐକ୍ୟତାନରେ।
ମଧ୍ୟଦିନ
ମୁହୂର୍ତ୍ତ ମୁହୂର୍ତ୍ତରେ ଭାରୀ ହୋଇଉଠେ
ଗହମର ଶିଶା;
କଣାରେ କଣାରେ ଉଛୁଳି ପଡ଼େ
ଅନନ୍ତର ପିୟାଲା।

ମୋର ଭାବନା ସବୁ ଭାଙ୍ଗିଯାଏ
ଅଙ୍କାବଙ୍କା ଚାଲେ
ଜଟ ପକାଏ ।
ପୁନରାୟ ଆରମ୍ଭ କରେ
ଏବଂ ସବାଶେଷରେ ଗତି ହରାଏ
ଅନ୍ତହୀନ ଯେତେ ନଦୀ,
ଅପଲକ ସୂର୍ଯ୍ୟତଳେ ରକ୍ତର ଦ୍ୱୀପ ।
ଆଉ ସବୁ କିଛି ହିଁ କି ଶେଷ ହୋଇଯିବ
ଏହି ସ୍ଥିର ଜଳରେ ?
ଦିନ, ଗୋଲାକାର ଦିନ
ଚାରି ଆଉ କୋଡ଼ିଏଟି କିସମର
ଉଜ୍ଜ୍ୱଳ କମଳା ଲେମ୍ବୁ,
ଏ ମଧୁର ପୀତାଭ ଏ ସବୁ କିଛି !
ନାନା ଆକାରରେ ପଢ଼େ ଉଠେ ମନ,
ପରସ୍ପରର ଶତ୍ରୁ ହୋଇ ଉଠେ ଏକ,
'ବୋଧ'ର ଆଇନା ତରଳି ଯାଏ,
ପୁନରାୟ ହୋଇ ଉଠେ
ରୂପକଥାର ଫୋୟାରା
ମଣିଷ, ନାନାମୂର୍ତ୍ତିର ବୃକ୍ଷ
ପଦ୍ମ ଯାହା ଫୁଲ ହୋଇ ଉଠେ
ଫଳ ଯାହା ହୋଇ ଉଠେ କାମ ।

ନଦୀ

ଏଇ ମୋର ରକ୍ତରେ ମହୁମାଛି ପରି
ଘୁରିବୁଲେ ଅସ୍ଥିର ସହର।
ଆଉ ସୁଦୀର୍ଘ ଏକ 'ଏସ୍' ଅଙ୍କନ କରି
ତୀବ୍ର ବିଳାପରେ ନୀରବତା ଭାଙ୍ଗି
ସୁଦୂରରେ କେଉଁଠି
ଶବ୍ଦ କରିଉଠେ ଟ୍ରାମ୍
ଏଇ ଯେ ଭାରାବନତ ବୃକ୍ଷ
ପ୍ଲାଜାର ମଧ୍ୟେ ମଧ୍ୟ ରାତ୍ରେ
କେହି ଯେମିତି ତାକୁ ବିଧ୍ୱସ୍ତ
                କରିଦେଇ ଯାଇଛି,
ଗମ୍ ଗମ୍ ଯେଉଁ ଶବ୍ଦ ଉଠୁଛି,
ଭାଙ୍ଗି ଚୁନା ଚୁନା ହୋଇ ବିଞ୍ଚି ହୋଇ
  ପଡୁଛି ଆଉ ହଜିଯାଉଛି ସୁଦୂରେ
ଫିସ୍‌ଫିସ୍ କରି କହୁଛି
                ଗୋଟିଏ ଗୋପନ କଥା,
କାଳ ଭିତରେ କଂପି କଂପି ଯାହା ଫେରୁଛି
ସେମାନେ ଖୋଲି ଦେଉଛନ୍ତି ଅନ୍ଧକାର
ଅଧଃକ୍ଷିପ୍ତ 'ଅ' ଏବଂ 'ଓ'
                ସ୍ୱରବର୍ଣ୍ଣର ନୀରବ ସୁଡ଼ଙ୍ଗ ପଥ,
ଏ ଗ୍ୟାଲେରୀରୁ ସେ ଗ୍ୟାଲେରୀ
ଅନ୍ଧପୁଟୁଳି ବାନ୍ଧି ଗ୍ୟାଲେରୀ
ଅନ୍ଧପୁଟୁଳି ବାନ୍ଧି ଦୌଡୁଛି ମୁଁ,
ତଳେ ଗର୍ତ୍ତରେ ଝରି ପଡୁଛି
                ତନ୍ଦ୍ରାଳୁ ବର୍ଣ୍ଣମାଳା
ଯେମିତି କାଳିର ନଦୀ
ଆଉ ଆସୁଛି ଯାଉଛି ସହର
ଯେଉଁ ମୁହୂର୍ତ୍ତ ତାର କଠିଣ

ପଥର ଦେହ ଭାଙ୍ଗି
ଦୁର୍‌ମୁଷ୍ ହୋଇ ମୋର ଲଲାଟକୁ
ଚାଲି ଆସୁଛି,
ସାରା ରାତି, ଏକଇ ପର ଏକ
ଶିଳାମୂର୍ତ୍ତି ପରେ ଶିଳାମୂର୍ତ୍ତି
ଫୋୟାରା ପରେ ଫୋୟାରା
ପଥର ପରେ ପଥର
ସାରା ରାତି ଧରି
ଏବେ ଅନ୍ୟର ଖୋଜରେ
ତାର ଭଙ୍ଗା ତୁକୁଡ଼ାତୁକୁଡ଼ି ମୋର କପାଳରେ,
ସହର କଥା କହେ ସାରା ରାତି
ତାର ନିଦ ଭିତରେ, ମୋର ସୁଖର ମଧ୍ୟଦେଇ
ଧକେଇ ଧକେଇ କଥାବାର୍ତ୍ତା,
ତୋତ୍ଲାମି ଜଳର ପ୍ରବାହ
ବିତର୍କରତ ପଥରର ଗନ୍ଧ।
ତଥାପି ମୁହୂର୍ତ୍ତକ ପାଇଁ ଝାଳେଇବା,
ସ୍ଥିର କରିଦେବାକୁ ମୋର ରକ୍ତ
ଯାହା ଆସେ ଆଉ ଯାଏ, କହେନା କିଛି ହିଁ
ମୋର ଚୂଡ଼ାରେ ଯୋଗୀ ଭଳି
ଡିମିରି ଗଛର ଛାଇରେ
ଯେମିତି ବୁଦ୍ଧ ନଦୀର କିନାରାରେ ଛାୟାରେ ବସି,
ମୁହୂର୍ତ୍ତକୁ ଥମେଇ ଦେବାକୁ ମୁହୂର୍ତ୍ତକ ପାଇଁ
ସମୁଦ୍ରର କୂଳରେ ବସିଛି
ମୋର ନଦୀର ପ୍ରତିମୂର୍ତ୍ତି
ପୋଛିଦେବାକୁ ଯାହା ତାର ନିଦ ଭିତରେ
କଥା କହେ ଏବଂ କହେନା କିଛି ହିଁ
ଆଉ ତା ସଂଗରେ ମୋତେ
ନେଇ ଚାଲେ।
ତୀରରେ ବସି ନଦୀକୁ ଥମେଇ ଦେବାକୁ
ମୁହୂର୍ତ୍ତର ତାଲା ଖୋଲି ଦେବାକୁ

ଜଳର କେନ୍ଦ୍ରରେ ପହଞ୍ଚି ତାର ଆଶ୍ଚର୍ଯ୍ୟ
ଘରଗୁଡ଼ିକୁ ଭେଦକରି ଯିବାକୁ
ଫୋୟାରା ତଳେ ଜଳପାନ କରିବାକୁ ।
ପଥରର ଓଠରୁ ପଡୁଥିବା ନୀଳ ଶବ୍ଦାଂଶ
ସମୂହର ଜଳପ୍ରପାତ ହେବାକୁ, ରାତ୍ରିର
କିନାରାରେ ବସିବାକୁ
ବୁଦ୍ଧ ଯେଉଁଭଳି ଭାବରେ ଆପଣାର
କିନାରାରେ ବସନ୍ତି ଢ଼ାଙ୍କୁଣିଦିଆ ମୁହୂର୍ତ୍ତର
ସ୍ଫୁଲିଙ୍ଗ ହେବାକୁ; ବିଧ୍ୱଂସୀ ଅଗ୍ନିକାଣ୍ଡ,
ଧ୍ୱଂସ ଆଉ ମୁହୂର୍ତ୍ତର ଜନ୍ମ,
ରାତ୍ରିର ନିଶ୍ୱାସ ଧାବିତ ସମୟ କୂଳରେ,
ନଦୀ ଯାହା କହେ ତାହା କହିବାକୁ,
ଓଠ ଭଳି ଏକ ଦୀର୍ଘ ଶବ୍ଦ
ଯାହାର କୌଣସି ଅନ୍ତ ନାହିଁ, କହିବାକୁ
ଚାହିଁ ସମୟ ଯାହା କହେ ପଥରର
କଠିଣ ଭାଷାରେ,
ସମୁଦ୍ରର ବିଶାଳତା ପରି ବିଶ୍ୱକୁ ନେବାକୁ ଢାଙ୍କି ।
ମଧ୍ୟ-କବିତାର ମଧ୍ୟେ ଢାଙ୍କିନିଏ ମୋତେ
ଏକ ବିରାଟ ଅବସାଦବୋଧ,
ସବୁକିଛି ମୋତେ ଛାଡ଼ି ଯାଏ,
ସେଠାରେ କେହି ହିଁ ନାହିଁ ମୋ ପାଖରେ,
ଏମିତିକି ସେହି ଯୋଡ଼ିଏ ଆଖି
ପଛରେ ରହି ଯେ ଚାହିଁ ଦେଖୁଥିଲା
ମୁଁ କଣ ଲେଖେ, ମୋର ସାମ୍ନାରେ
ଆଉ ପଛରେ କେହି ନାହିଁ
କଲମ ବିଦ୍ରୋହ କରେ, ସେଠାରେ
ଆରମ୍ଭ ନାହିଁ କି ଅନ୍ତ ବି ନାହିଁ, ଏମିତିକି
ଲମ୍ଫ ଦେବାଭଳି କୌଣସି
ଦେବାଲ୍ ବି ନାହିଁ

ନିର୍ଜନ ବିସ୍ତାରିତ ପ୍ରାନ୍ତର ସଦୃଶ କବିତା
ଯାହା କହିବାକୁ ଚାହେଁ କୁହା ହୁଏନା
ଅକୁହା ସବୁ କିଛି ହିଁ ଗୋପନ ରହିଯାଏ
ଟାୱାର, ଧ୍ୱଂସସ୍ତୁପରେ ମିଶା ସଦ୍ୱର, ବ୍ୟାବିଲୋନ
କଳା ଲବଣ ସମୁଦ୍ର,
ଅନ୍ଧ ରାଜତ୍ୱ,
ନିଜକୁ ରୋକିବାକୁ, ଶାନ୍ତ କରିବାକୁ
ଯେତେକ୍ଷଣ ପର୍ଯ୍ୟନ୍ତ ନା ଆଖିର କୋଣରୁ
ସବୁଜ ଶିକ୍ଷା ମଞ୍ଜରିତ ହୁଏ
ଦୁଇ ଆଖି ବନ୍ଦ ରଖି, ସୂର୍ଯ୍ୟର ଅନ୍ତହୀନ
ବିକିରଣ ଏବଂ ଦୃଶ୍ୟର ବତାସରେ
ବର୍ଣ୍ଣମାଳାର ଦୀର୍ଘସ୍ଥାୟୀ କଂପନ
ଏବଂ ଗୋଟିଏ ଢେଉରେ ଗଡ଼ିପଡ଼େ
ଜୁଆରଭଟ୍ଟା ଆଉ ଢେଉ ଭାଙ୍ଗେ ବନ୍ଧ,
ଅପେକ୍ଷା କରିବାକୁ ହୁଏ ଯେତେକ୍ଷଣ
ପୃଷ୍ଠା ନକ୍ଷତ୍ରରେ ଭରିଉଠେ
ଆଉ କବିତା ହୁଏ ଜଟପକା ଶବ୍ଦର ଅରଣ୍ୟ,
ମୋର କିଛି ହିଁ କହିବାର ନାହିଁ
କାହାରି କିଛି କହିବାର ନାହିଁ
କୌଣସି କିଛିର ବା କାହାରିର
କେବଳ ଯାହା ରକ୍ତର,
ରକ୍ତର ଯିବା ଆସିବା ଅନ୍ୟ କିଛିର ନୁହେଁ
ଲେଖା, ଲେଖାର ଉପରେ ଏଇ ଲେଖା
ଏକଇ ଶବ୍ଦର ପୁନରାବୃତ୍ତି ମଧ୍ୟ-କବିତାରେ,
ସମୟର ଶବ୍ଦସମଷ୍ଟି, ଭଙ୍ଗା ବର୍ଣ୍ଣମାଳା
କାଳିର ପ୍ରଲେପ,
ରକ୍ତ ଯାହା ଯାଏ ଆଉ ଆସେ କହେନା
କିଛି ହିଁ
ଆଉ ତା ସହିତ ବହନ କରେ

ମୋତେ। ଏବଂ ମୁଁ କହେ ସାଦା ପୃଷ୍ଠା
ଉପରେ ଝୁଙ୍କି ପଡ଼େ ମୁହଁ
ଆଉ ମୋ ପାଖରେ ବସି
କେହି ଲେଖେ
ଯେତେବେଳେ ରକ୍ତ ଯାଏ ଆଉ ଆସେ
ଏବଂ ତାହାର ଶୋଣିତ ଭିତର ଦେଇ
ସହର ପୁଣି ଆସେ
କିଛି କହିବାକୁ ଚାହେଁ,
ସମୟ କିଛି କହିବାକୁ ଚାହେଁ
ରାତି କଥା କହିବାକୁ ଚାହେଁ,
ଦୀର୍ଘ ସାରାରାତି
ମଣିଷ କହିବାକୁ ଚାହେଁ ଏକ ଅନନ୍ୟ ଶବ୍ଦ,
ଅବଶେଷରେ ତାର ଗତିପଥ
କହିବାକୁ ଚାହେଁ,
ଦୁର୍‌ମୁଷ୍‌କରା ପଥରରେ ଯାହା ତିଆରି
ଆଉ ମୁଁ ଶାଣଦିଏ ମୋର ଶ୍ରୁତିରେ,
ମଣିଷ କଣ କହେ ମୁଁ ଶୁଣିବାକୁ ଚାହେଁ
ପୁନରାବୃତ୍ତି କରେ ଅପସ୍ମୃୟମାନ ସହର
ଯାହା କହେ।
ସାରା ରାତି ଭଙ୍ଗାପଥର ଏକେ ଅନ୍ୟକୁ ଖୋଜେ
ମୋର କପାଳ ଅଣ୍ଡାଳି
ସାରା ରାତି ପଥର ବିରୁଦ୍ଧରେ ଜଳଯୁଦ୍ଧ କରେ,
ରାତିର ବିରୁଦ୍ଧରେ ଶବ୍ଦ,
ରାତି ବିରୁଦ୍ଧରେ ରାତି,
ଅନ୍ଧକାର ଆଚ୍ଛନ୍ନ ସମୟରେ
କେଉଁଠି କିଛି ହିଁ ଜଳି ଉଠେନା,
ଅସ୍ପର ସଂଘର୍ଷ ପଥରରେ ଟାଣି
ଫୁଟେଇ ପାରେନା ଅନନ୍ୟ
ଏକ ଦୀପ୍ତି,

ଗୋଟିଏ ସ୍ଫୁଲିଙ୍ଗ ରାତ୍ରିର ବକ୍ଷପୁଟେ
କେହି ବି ଅନୁମୋଦନ କରେନା
ସାମୟିକ ବିରତି,
ନିଭୃତ ବିଶ୍ରାମ ନେବାକୁ ଅମରତ୍ୱର ମଧ୍ୟରେ
ଆମୃତ୍ୟୁ ଲଢ଼େଇ,
ଲଢ଼େଇ ଏକ ନଦୀ ରକ୍ତ
ଏକ ନଦୀ କାଳି ବନ୍ଦ କରିବାକୁ,
ବନ୍ଦ କରିବାକୁ ଶବ୍ଦର ନଦୀ
ଉତ୍ସକୁ ଫେରିବାକୁ ନିଜେ ହିଁ ନିଜ ମଧ୍ୟରେ
ରୂପାନ୍ତରିତ ହୁଏ ରାତ୍ରି
ପ୍ରଦର୍ଶନ କରେ ତାର ଜ୍ୱଳନ୍ତ ସ୍ୱର୍ଣ୍ଣଗର୍ଭ,
ଆଉ ସେଇ ଜଳ ତାର ହୃଦୟ ଦେଖାଏ,
ବୁଡ଼ି ଯାଉଥିବା ଆଇନାର ଝାଡ଼
ଝଡ଼ରେ ଉପୁଡ଼ି ପଡ଼ିଥିବା କାଚଗଛ
(ଆଉ ସ୍ପନ୍ଦିତ ଓ ଝଲସି ଉଠୁଛି ଗଛର
ପ୍ରତିଟି ପତ୍ର ଆଉ ନିଷ୍ଠୁର ଆଲୋକ ମଧ୍ୟରେ
ହଜିଯାଉଛି,
ଯେମିତି ଭାବରେ ଜଣେ କବି ପ୍ରତି ବିଶ୍ୱର
ଶବ୍ଦରାଜି ହଜିଯାଏ), ସମୟ ଆହୁରି ଘନ
ହେଉ, ତାର କ୍ଷତର ଦାଗ ପୋଛି ହୋଇଯାଉ,
ପୃଥିବୀର ତ୍ୱକ୍ ଉପରେ ସୂକ୍ଷ୍ମ ଏକ ଆଂଚୁଡ଼ା ଦାଗ
ଶବ୍ଦ ସେମାନଙ୍କର ଅସ୍ତ୍ର ଓହ୍ଲେଇ ନେଉ
କବିତା ହେଉ ଏକ ଅନନ୍ୟ ଶବ୍ଦର ଉଦ୍‌ଭାବନ,
ଯାହାର ଅପ୍ରତିହତ ରଶ୍ମିର କିରଣ
କେବଳ ହିଁ ଆଗେଇ ଚାଲେ
ଆଉ ଆତ୍ମା ହେଉ ରାତ୍ରି ପରେ କୃଷ୍ଣବର୍ଣ୍ଣ ଘାସ,
ସମୁଦ୍ରର ଚାନ୍ଦ୍ରସ୍ତନ ରୂପାନ୍ତରିତ ହୁଏ ପଥରରେ
ପ୍ରତିଫଳିତ କରେନା କିଛି ହିଁ
କେବଳ ଯାହା ବାଲୁକା ବିସ୍ତାର ପ୍ରସାରଣ

ଶୂନ୍ୟତା ମଧ୍ୟରେ ବିଛେଇ ହୋଇ ପଡ଼ିଥିବା
ବିଶାଳ ବିମୁକ୍ତ ଡେଣା
ଆଉ ସବୁକିଛି ହିଁ ହେଉ ଜ୍ୱଳନ୍ତ ଅଗ୍ନିଶିଖା ପରି,
ଯାହା ନିଜକୁ ନିଜେ ହିଁ କାଟି
ଟୁକୁରା ଟୁକୁରା କରେ
ଆଉ ପାହାଡ଼ର ସ୍ୱଚ୍ଛ ଗର୍ଭେ ଫ୍ରିଜ୍ ହୋଇଯାଏ
କଠିଣ ଅଗ୍ନିଶିଖା ଏବେ ସ୍ଫଟିକରେ
ରୂପାନ୍ତରିତ, ଶାନ୍ତ ସ୍ୱଚ୍ଛ ।
ଆଉ ଉତ୍ସକୁ ଫେରିଯାଏ ନଦୀ
ଅବନମିତ କରେ ପାଲ, ତୋଳିନିଏ ପ୍ରତିମୂର୍ତ୍ତି
ଏବଂ ନିଜେ ହିଁ ନିଜ ମଧ୍ୟରେ କୁଣ୍ଡଳି ପକେଇ ବହିଯାଏ ।

■

କବିର କର୍ମ (୧୩)

କେତେ ବର୍ଷ ପୂର୍ବେ ବାଲିଗରଡ଼ା,
ଜଂଜାଳ ଆଉ ଘାସ ଦେଇ
ମୁଁ ତିଆରି କରେ ତିଲାନ୍ ତଲାନ୍।
ମୋର ମନେ ଅଛି ଦେବାଲ୍, ସଂଖ୍ୟାଚିହ୍ନରେ
ଭରପୁର ସବୁ ହଳଦିଆ ଦରଜା,
ସରୁ ଦୁର୍ଗନ୍ଧରେ ଭରା ପଥ ଗମ୍‌ଗମ୍
ଲୋକବାକରେ ଭର୍ତ୍ତି, ସବୁଜ ସରକାରୀ
ପ୍ରାସାଦ ଆଉ ବଳିଦାନର ଲାଲଘର
ତାର ପାଞ୍ଚୋଟି ବଡ଼ ମନ୍ଦିର, ଆଉ ଅସଂଖ୍ୟ
ସୁଉଚ୍ଚ ପଥରବନ୍ଧା ପଥକୁ ନେଇ ଗୋଟାଏ
ହାତପରି ଖୋଲା ରହିଛି। ତିଲାନ୍ ତଲାନ୍,
ସାଦା ପାହାଡ଼ର ପାଦ ଦେଶରେ ଧୂସର ସହର
ନଖ ଆଉ ଦାନ୍ତରେ ମାଟି କାମୁଡ଼ି ଧରିଥିବା
ସହର, ପ୍ରାର୍ଥନା ଓ ଧୂଳିର ସହର।
ଏହାର ଅନ୍ତେବାସିଗଣ ବିଚକ୍ଷଣ, ଭଦ୍ର
ଓ ଆବେଗପ୍ରବଣ-ହାତ ପୂଜା କରେ,
ଯହିଁରୁ ସେମାନଙ୍କର ସୃଷ୍ଟି କିନ୍ତୁ ପାଦକୁ
ଭୟ ପାଏ, ଯେହେତୁ ତାହା ଧ୍ୱଂସ କରିପାରେ।
ସେମାନଙ୍କର ଈଶ୍ୱରତତ୍ତ୍ୱ, ତରତାଜା
ବଳିସମୂହ ଯାହା ଦେଇ ସେମାନେ
ଖରିଦ୍ କରିବାକୁ ଚାହାନ୍ତି ପ୍ରଥମାର ପ୍ରେମ,
ଭଲପାଇବା
ଆଉ ସୁନିଶ୍ଚିତ କରେ ଶେଷତାରା
ସେମାନଙ୍କୁ ନିଷ୍କୃତି ଦେଇ ପାରେନା
ସେହି ସୁଖୀ ସକାଳରେ ଯେତେବେଳେ
ମୋର ଡାହାଣ ପାଦ ସେମାନଙ୍କୁ
ଓ ସେମାନଙ୍କର ସବୁକୁ ଦଳି ପକାଏ,

ସେମାନଙ୍କର ଭୟାବହ ଆଭିଜାତ୍ୟ, ବିଦ୍ରୋହ,
ପବିତ୍ର ଭାଷା, ଲୋକ ସଂଗୀତ ଓ ଧର୍ମୀୟ
ଆଚାର ଅନୁଷ୍ଠାନର ଥିୟେଟର
ସେମାନଙ୍କର ପୁରୋହିତଗଣ କେବେ ବି
ସନ୍ଦେହ କରନ୍ତି ନାହିଁ ଯେ
ହସ୍ତ ଏବଂ ପାଦ ଏକଇ ଦେବତାର
ଅଙ୍ଗପ୍ରତ୍ୟଙ୍ଗ ॥

ଏହି ସବୁ ଶବ୍ଦର ମଧ୍ୟବିନ୍ଦୁରେ

ମହାବିଶ୍ୱର ଢେଉର ଚୂଡ଼ାରେ ମୁଁ ନୁହେଁ ଏଇ ଏବେ
କୌଣସି ଯୋଗୀ ଧ୍ୟାନର ଚୂଡ଼ାରେ
ନୁହେଁ,
                    ସମୟ
ଆମେ ପାଦରୁ ଉଠି ଯାଇନୁ
          ଶିଶୁକାଠର ମୂକ ବିସ୍ଫୋରଣ ଭଳି
ମଥାର ଖପୁରି ଭିତରେ ଭାଙ୍ଗି ପଡ଼ିନି
ସ୍ୱଷ୍ଟବାଦିତା ଅନ୍ଧତ୍ୱ ସମାନ।
                    ମୁଁ
ସାତତାଲା ଉପରେ
                    ମୁଁ
ସମୟରୁ ଝୁଲି ରହିଥିବା ପଞ୍ଜୁରୀ ଭିତରେ
ସାତତାଲା:
          ଭରା ଜୁଆରଭଙ୍ଗା ଓ ଠନ୍ ଠାନ୍ ଶବ୍ଦ
ଧାତୁରେ ଧାତୁରେ ଯୁଦ୍ଧ,
ଭଙ୍ଗାକାଚ ଝନ୍‌ଝାନ୍ ଭାଙ୍ଗି ପଡୁଛି ତଳେ
ଇଂଜିନ୍, ସେମାନଙ୍କ କ୍ରୋଧ ଇତି ମଧ୍ୟରେ ହିଁ
          ହୋଇ ଉଠିଛି ମାନବିକ।
ନିଜକୁ ଛିଣ୍ଡେଇ ଫାଳଫାଳ
କରୁଛି ପ୍ରତିଥର ନିଜକୁ ଜଡ଼େଇ ଧରିବା
ସମୟରେ ଅନ୍ଧ ଭଳି
ବାନ୍ଧୁଛି, ଅଣ୍ଡାଳୁଛି, ନିଜର ଟୁକୁରା ଟୁକୁରା
ସଂଗ୍ରହ କରୁଛି
ନିଜର ଭଙ୍ଗାନାମ, ବିଛେଇ ଦେଉଛି।
କଂପି କଂପି ଉଠୁଥିବା ଅଙ୍ଗୁଳିର ଛାପରେ
ସହର ଅନୁଭବ କରେ ସେ ସ୍ୱପ୍ନ ମଧ୍ୟରେ।
ମୁଁ କୌଣସି ଚୌରାସ୍ତାର ମୋଡ଼ରେ ନୁହେଁ

କୌଣସି ପଥ ବାଛିନେବା ମାନେ ହିଁ
ଭୁଲ ପଥରେ ଯିବା ।
ମୁଁ
ଏହି ସବୁ ଶବ୍ଦର ମଧ୍ୟବିନ୍ଦୁରେ ଅଛି ।
କେଉଁଠିକି ଇଏ ମୋତେ ନେଇ ଯାଉଛି ?
ଖନେଇବା, ଖନି ମାରିବା ଭିତରୁ ପ୍ରତିଧ୍ୱନି,
କାମଧାମ ଓ ତାରିଖ,
ମୋର ଜନ୍ମ ନାମରେ;
ମୋର ସ୍ମୃତିର ଶୂନ୍ୟତା ମଧ୍ୟରେ
କ୍ୟାଲେଣ୍ଡର ପୃଷ୍ଠା ବଦଳି ଯାଏ ।
ମୋର ନିଜର ହିଁ ଛାୟାର ଆଲଖାଲା
ନଇଁ ଆସେ
ମୋ ମାଆର ଥଲ୍‌ଥଲ୍ କୋମଳ ସ୍ତନ ଆଡ଼କୁ ।
ଆବଡ଼ା ଖାବଡ଼ା ପାହାଡ଼ର ପାଦଦେଶ
ବୃଷ୍ଟିସ୍ନାତ ଲାଭା,
ବିଳାପରତ ସମତଳ
ଲେମ୍ବୁର ଉତ୍ସବ ।
ଦୁଇଜଣ ଶ୍ରମଜୀବୀ ଗର୍ତ୍ତ ବାହାର କରେ ।
ସଂକୁଚିତ
ଇଟା ଆଉ ମର୍ଟାରର ମୁହଁ
ଆଉ ସେଠାରେ
କଫିନର ଟୁକୁରାଟୁକୁରି,
ଫାଟଧରା ବୋର୍ଡ଼ର ଫାଙ୍କରେ
ମୁକ୍ତା-ଧୂସର ଟୋପି
ହଳେ ଜୋତା,
ଆଇନଜୀବିର କଳା ସ୍ୟୁଟ୍ ।
କମ୍ବଳ, ବୋତାମ, ହାଡ଼;
ଆଲୋକର ପାଦ ଦେଶରେ
ହଠାତ୍ ଧୂଳିର ସ୍ତୂପ ।

ଥଣ୍ଡା ଆଲୋକ ସ୍ପର୍ଶ କରି ନାହାନ୍ତି କେହି,
ପ୍ରାୟ ଘୁମନ୍ତ,
ଭୋର୍‌ର ଆଲୋକ
ପାହାଡ଼ରୁ ସତେଜ ଦେଲା ଦେଖା
ମୃତର ମେଘପାଳିକା।
ଯାହା ଥିଲା ମୋର ବାବା
ଭରି ନେଉଥିଲେ କ୍ୟାନଭାସର ଥଳିରେ
ଜଣେ ଶ୍ରମଜୀବୀ ହାତ ଧରିଲା ମୋର
ଯେ ଭଳି ଭାବରେ ମା' ବୁକୁରେ କ୍ରଶ କରନ୍ତି।
ଆଉ ଏସବୁ କିଛି ଘଟିବା ପୂର୍ବରୁ
ଛାୟାମୂର୍ତ୍ତି ହଜିଗଲା;
ମୁଁ ମଧ୍ୟବିନ୍ଦୁରେ, ଝୁଲୁଛି ପଞ୍ଜୁରୀ ଭିତରେ,
ଝୁଲୁଛି ପ୍ରତିମୂର୍ତ୍ତି ଭିତରେ।
ଉଷ୍ମ ଫେରେଇ ନିଆ ହେଲା
ଗନ୍ତବ୍ୟ ସ୍ଥଳ ଅଦୃଶ୍ୟ।
ନା ଅଛି ଶେଷ ନା ଅଛି ଆରମ୍ଭ;
ମୁଁ ବିରତିର ମଧ୍ୟରେ,
ମୁଁ ଶେଷ କରେନା, ଆରମ୍ଭ ବି କରେନା
ଯାହା ମୁଁ କହେ
ତାର ନା ଅଛି ତାଲୁ ନା ତଳିପା
ବାରମ୍ବାର ନିଜ ଭିତରେ ରୂପାନ୍ତରିତ ହୁଏ ମୁଁ
ଆଉ ସବୁ ସମୟରେ ସାକ୍ଷାତକାର ଘଟେ
ଏକଇ ସବୁ ନାମ ସହିତ,
ଏକଇ ସବୁ ମୁହଁ,
ଆଉ ନିଜ ସଙ୍ଗରେ କେବେ ବି ମୋର
ସାକ୍ଷାତକାର ଘଟେନା
ମୋର ଇତିହାସ ମୋର ନୁହେଁ
ସେ ସବୁ ଭଙ୍ଗା ଶବ୍ଦଗୁଚ୍ଛର ଏକ ଶବ୍ଦ
ଯାହା ତାର ଗୋଲାକାର ପ୍ରଳାପରେ
ସହର ବାରମ୍ବାର କହେ।

ସହର ମୋର ସହର;
ମୁହାଁମୁହିଁ ବସା ହୋଇଥିବା ଫଳକ,
ଅସମ୍ମାନିତ ପଥର
ଛେପପକା ନାମ।
ତୁମର ଇତିହାସ:
ଅଦୃଷ୍ଟ
ସ୍ୱାଧୀନତା ନାମରେ ଚିହ୍ନିତ,
ନକ୍ଷତ୍ର
ଗତିପଥ ଅଥବା କକ୍ଷପଥ ବ୍ୟତୀତ
ଖେଳାଖେଳି
ଆମେ ସମସ୍ତେ ହିଁ ନିୟମକାନୁନ -
ବ୍ୟାପାରରେ ଅଙ୍କ
ଖେଳ ଖେଳୁ,
ଖେଳ ଯହିଁରେ
କେହି ବି ବିଜୟୀ ନୁହେଁ
ନିୟମ ବିନା ଖେଳ,
ଦୂରକଣ୍ଠୀ ଦେବତାର ଖିୟାଲିପଣ
ଜଣେ ମଣିଷ-
ହୋଇଉଠେ ଖନା ଦେବତା।
ଆମର ଦୈବବାଣୀ
ବାକ୍‌ରୋଧୀ ମଥାର ବ୍ୟାଧିର ଗତିପଥ,
ଆମର ଭବିଷ୍ୟତବକ୍ତାଗଣ
ଚଷମା ପରିହିତ ଆଖିରେ
ଦ୍ରଷ୍ଟା।
ଇତିହାସ:
ଆସେ ଆଉ ଯାଏ ଅନ୍ତହୀନ, ଉତ୍ସହୀନ।
ସେଠିକି କେହି ବି ଯାଇନାହାନ୍ତି
କେହି ବି
ପାନ କରିନାହାନ୍ତି ଫୋୟାରାର ଜଳ
କେହି ବି

ସମୟ ପଥର ଆଖିପତା ଖୋଲି ଦେଖିନି
କେହି ବି
ଶୁଣିନି ପ୍ରଥମ ଶବ୍ଦ
କେହି ବି ଶୁଣିବେନି ଶେଷ ଶବ୍ଦ,
ଯେଉଁ ମୁହଁ କଥା କହେ
ତାହା ନିଜେ ନିଜେ ହିଁ ବିଡ଼ ବିଡ଼ କରେ,
କେହି
ଶତ ଶତ ବର୍ଷର ଗୋବର ଗଦାରୁ
ଫେରି ଆସିନି।
ଇତିହାସ:
ଗୋବର ପାହାଡ଼ ଓ ବୃଷ୍ଟିଧନୁ। ଉଚ୍ଚ
ଚତ୍ୱରରେ
ଆନୁପାତିକ ହାରରେ ବତାନ୍ତି:
ସୁରସପ୍ତକ
ସ୍ୱଚ୍ଛତାର ଭିତରେ ଦ୍ରବୀଭୂତ।
ଛାୟାହୀନ ଶବ୍ଦ।
ଆମେ ସେମାନଙ୍କୁ ଶୁଣିବାକୁ ପାଉଁନା,
ଆମେ ସେମାନଙ୍କୁ ଉପେକ୍ଷା କରୁ,
କହୁ କେହି ସେମାନେ ହୋଇ ହିଁ
ପାରିବେ ନାହିଁ !
ଆମେ ବାଛି ନେଉ
ସାତତାଳା:
ଏଇ ଶବ୍ଦଗୁଚ୍ଛର ମଧ୍ୟବିନ୍ଦୁରେ ମୁଁ,
ଇୟେ ମୋତେ
ନେଇ ଯାଉଛି କାହିଁ କେଉଁଠିକି ?
ଭଙ୍ଗାରୁଜା ଭାଷା
କବି : ସମାଧିସ୍ତମ୍ଭରେ ଉତ୍‌କୀର୍ଣ୍ଣ ଲିପିର ଟେଣ୍ଡର୍।

■

ଭଗ୍ନ ଜଳପାତ୍ର

ନତଜାନୁ ଆଖିର ପତା ଖୋଲି ଗଲା
ଆଉ ଜନ୍ମ ନେଲା ମଥା ଝିମ୍‌ଝିମ୍‌କରା ପୃଥିବୀ
ଏବଂ ଅଗ୍ନିଶିଖା ସ୍ୱପ୍ନଦର୍ଶୀର ଭ୍ରୂପଲ୍ଲବରେ
ନୀଳ ସୂର୍ଯ୍ୟ, ସବୁଜ ଘୂର୍ଣ୍ଣୀବତାସ, ଆଲୋକର ପକ୍ଷୀ
ଓଠ ଠୁଙ୍କି ଠୁଙ୍କି ଡାଳିମ୍ବ ଗଛରୁ
ତୋଳି ଆଣୁଥିଲା ନକ୍ଷତ୍ର,
ଏବଂ ନିର୍ଜନ ସୂର୍ଯ୍ୟମୁଖି, ଗୋଟିଏ ସୁନେଲି ଆଖି
ଜ୍ୱଳନ୍ତ ଏକ ନଭତଳର କେନ୍ଦ୍ରରେ
ଘୁରି ଯାଉଥିଲା,
ଆଉ ଝୁମ୍‌ଝୁମି ସ୍ଫଟିକର ଅରଣ୍ୟ
ପ୍ରତିଧ୍ୱନିର ଅରଣ୍ୟ, ପ୍ରଶ୍ନଗୁଡ଼ିକ, ତରଙ୍ଗମାଳା
ସ୍ୱଚ୍ଛତାର ଏକ କଥୋପକଥନ।
ଏବଂ ବତାସ, ଆଉ ଜେଟିର କଣ୍ଠନଳୀର
ଅକ୍ଷୟ ଦୁଇ ଦେବାଳ ମଝିରେ
ଏକ ଅଶ୍ୱଲମ୍ଫ ଜଳ।
ଆଉ ଅଶ୍ୱ, ଧୂମକେତୁ, ଆକାଶ ରକେଟ୍
ରାତ୍ରିର ହୃଦୟ ବିଦ୍ଧ କରୁଥିଲା
ଏବଂ ପକ୍ଷୀର ପାଲକ ଓ ଫୋୟାରାଗୁଡ଼ିକ
ପକ୍ଷୀର ପାଲକ, ହଠାତ୍ ଫୁଲ ପରି ଫୁଟା
ଝରଣାର ଆଲୋକ
ମହମବତୀ, ଡେଣା ଅପରିବର୍ତ୍ତନୀୟ ଶୁଭ୍ରତା,
ସ୍ୱପ୍ନଦର୍ଶୀର ଭ୍ରୂପଲ୍ଲବରେ ଗୀତ ଗାଉଛନ୍ତି
ଦ୍ୱୀପର ପକ୍ଷୀମାନେ !
ମୁଁ ଆଖି ଖୋଲିଲି, ଚାହିଁଲି ଉପରେ ଆକାଶ
ଆଉ ଦେଖିଲି କିପରି ଭାବରେ ରାତି
ତାରାରେ ତାରାରେ ଢାଙ୍କି
ହୋଇଗଲା:

ଜୀବନ୍ତ ଦ୍ୱୀପମାଳା, ଜ୍ୱଳନ୍ତ ଦ୍ୱୀପର ହାର,
ଜ୍ୱଳନ୍ତ ଓ ଶ୍ୱାସପ୍ରଶ୍ୱାସ ନିଆ ପଥରଖଣ୍ଡ ଗୁଡ଼ିକ,
ଜୀବନ୍ତ ପଥରର ସ୍ତବକ
ଆଉ ଏ ସମସ୍ତ ଫୋୟାରା ସବୁ ଏବଂ ସ୍ୱଚ୍ଛ-ଆଲୋକ
ଗୋଟାଏ କଳା କାନ୍ଧ ଉପରେ
ଏହିସବୁ ଦୀର୍ଘ ଜଳାଶୟ ଆଉ
ଏତେଗୁଡ଼ିଏ ନଦୀ, ଏବଂ ନିଆଁର ପରେ ହିଁ
ଦୂରାଗତ ଜଳର କଳକଳ ଧ୍ୱନି
ଆଲୋକର ବିପରୀତରେ ଛାୟା।
ହାର୍ପ, ହାର୍ପର ଉଦ୍ୟାନ ସବୁ।
କିନ୍ତୁ ମୁଁ ପ୍ରାନ୍ତରରେ ଥିଲି ଏକା:
ଯାହା ଥିଲା କ୍ୟାକ୍‌ଟସ୍, କଣ୍ଟାଗଛ ଆଉ ସୂର୍ଯ୍ୟର
ଆଲୋକରେ ଭାଙ୍ଗିଭାଙ୍ଗି ପଡୁଥିବା ପାହାଡ଼।
ଝିଁକାରି ପୋକମାନେ ଥିଲେ ନୀରବ
ସେଠାରେ ଥିଲା ପୋଡ଼ାବୀଜର ଇତଃସ୍ତତ
ଭାସି ଯାଉଥିବାର ଆଘ୍ରାଣ,
ଗାଆଁର ପଥଗୁଡ଼ିକ ଥିଲା ଶୁଖିଲା ଗିରିଖାତ ଭଳି,
ଆଉ ଯଦି କେହି ଚିତ୍କାର କରି ଉଠୁଥିଲା:
"କିଏ ଯାଉଛି ?"
ପବନ ଟୁକୁରା ଟୁକୁରା ହୋଇ
ବିଛେଇ ପଡୁଥିଲା।
ଲଣ୍ଡା ପର୍ବତମାଳା
ଥଣ୍ଡା ଆଗ୍ନେୟଗିରି, ପଥର
ଏବଂ ଏହି ରକମ ହିଁ ଉଜ୍ଜ୍ୱଳଦୀପ୍ତି ମଧ୍ୟରେ ସ୍ପନ୍ଦିତ
ହୃଦୟରେ ଧୁକ୍‌ପୁକ୍, ଅନାବୃଷ୍ଟି, ଧୂଳିର ସ୍ୱାଦ,
ଧୂଳି ଭିତରେ ନଗ୍ନପାଦର ମର୍ମର ଧ୍ୱନି ଆଉ
ପ୍ରାନ୍ତର ମଧ୍ୟରେ ପ୍ରସ୍ତରୀଭୂତ ଫୋୟାରା ପରି
ଗୋଟାଏ ଗଛ !
କହ ମୋତେ, ଅନାବୃଷ୍ଟି, କହ ମୋତେ, ପୋଡ଼ା ପୃଥିବୀ,

ମାଟିର ଗଭୀରେ ହାଡ଼, କହ ମୋତେ
ମାନସିକ ଯନ୍ତ୍ରଣାରେ ଜର୍ଜରିତ
ଜହ୍ନ:
ସେଠାରେ କଣ ଜଳ ନାହିଁ।
ସେଠି କଣ କେବଳ ରକ୍ତ, କେବଳ ଧୂଳି
କଣ୍ଟା ଉପରେ କେବଳ ନଗ୍ନ ପାଦ,
ପୋକଯୋକ ପାଇଁ କେବଳ କମ୍ବଳ ଓ ଆହାର
ଆଉ ଅଧାର୍ମିକ ମଧ୍ୟାହ୍ନ ଭିତରେ ଜଡ଼ତା
ଏଇ ସୁନେଲି ପ୍ରଧାନ ଅଂଶ !
ସେଠାରେ ନଦୀ କୂଳରେ ବଡ଼ ବଡ଼ ଧାରୁଆ
ଡିମାପଥରରେ
ସତରେ ହିଁ କଣ କୌଣସି ହ୍ରେଷାର ଧ୍ୱନି ନାହିଁ।
ସ୍ଥିର ଜଳରେ, ପତ୍ରର ସବୁଜ ଆଲୋକ ଭିତରେ
ଭୋର୍‌ରେ ସ୍ନାନରତା ରମଣୀ ଓ ପୁରୁଷର ଚିତ୍କାର
କୋଳାହଳ ନାହିଁ ?
ଦେବତାମାନେ କାହାନ୍ତି, ଶସ୍ୟର ଦେବତା,
ଫୁଲର ଦେବତା, ଜଳର ଦେବତା, ରକ୍ତର ଦେବତା
କୁମାରୀ ମେରୀ,
ସେମାନେ ସଭିଏଁ କଣ ମୃତ
ସେମାନେ ସଭିଏଁ କଣ ନେଇଛନ୍ତି ବିଦାୟ,
ଭଙ୍ଗା ଜଳପାତ୍ର
ଅବରୁଦ୍ଧ ଫୁଆରାର କୋଣରେ
କେବଳ ବଂଚି ରହିଛି ମଣ୍ଡୁକ ?
ମେହିକୋର ରାତିରେ କେବଳ କି
ଦୀପ୍ତି ଦେଇ ପ୍ରସରୁଛି ପ୍ରଭା
ଧୂସର ସବୁଜ ବେଙ୍ଗ ?
କେବଳ ମାତ୍ର ଚର୍ବିଓ୍ୱାଲା ପ୍ରଧାନ
କେମ୍‌ପୋଆଲା ଅମର ?

ଆଉଜି ପଡ଼ିଥିଲେ
ରକ୍ତରେ ଭାସି ଯାଉଥିବା ପବିତ୍ର ଜେଡ୍‌ଗଛ ତଳେ
ଯେତେବେଳେ ଦୁଇଜଣ ତରୁଣ କ୍ରୀତଦାସ
ପଙ୍ଖାରେ ବିଂଚୁଥିଲେ ତାଙ୍କୁ,
ବିଶାଳ ଜନସ୍ରୋତର ନେତୃତ୍ୱ ଦେଇ,
କ୍ରୁଶ ଉପରେ ଝୁଙ୍କି: ଅସ୍ତ୍ରଶସ୍ତ୍ର ଆଉ ବିଡ଼ାଳର ଛଡ଼ି,
ଯୁଦ୍ଧର ପୋଷାକରେ, ଆଁଚଡ଼କଟା ପଥରର
ମୁଖୋସ ପିନ୍ଧା, ମୂଲ୍ୟବାନ ସୁଗନ୍ଧି ସଦୃଶ।
ଫାୟାରିଂ ସ୍କୋୟାର୍ଡ୍‌ର ଧୂଆଁ ଛାଡୁଛନ୍ତି
ଅଥବା ସମୁଦ୍ରତୀରର ପ୍ରାସାଦରେ
ପ୍ରେୟସି ଓ ତାର ନିଅନ ରତ୍ନରାଜି ସହ
ସପ୍ତାହାନ୍ତିକ ଛୁଟି କଟଉଛନ୍ତି ?
କେବଳ କଣ ବେଙ୍ଗଟା ହିଁ ବଂଚି ରହିଛି ?

ଛୁରି ଓ ହାଲୁକା କାଚର ପୁଚ୍ଛବାଲା
ଥଣ୍ଡା ସବୁଜ କ୍ରୋଧ ଆଡ଼କୁ ଚାହିଁ
କୁକୁର ତାର ସ୍ୱର, ଚିତ୍କାର ଶୁଣ
ନିର୍ବାକ ମାଗୁଯେଇ, ଠିଆ ଲୋମ କ୍ୟାକଟସ୍,
ଫୁଲ ଯା ରକ୍ତ ଝରାଏ, ଯହିଁରୁ ରକ୍ତ ଝରେ,
ଫୁଲ ଯାହାର ଅନ୍ତହୀନ ଶାଣିତ ଜ୍ୟାମିତି
ଅତ୍ୟାଚାରର ନିପୁଣ ଯନ୍ତ୍ର ପରି,
ମୂଳାପରି ଦାନ୍ତ, କ୍ଷତବିକ୍ଷତ ଆଖି
ରାତି ଆଡ଼କୁ ଚାହିଁ। ରାତି ଅଦୃଶ୍ୟ ପଥରରେ
ଯାହାର ତ୍ୱକ "ତୋଳା"
ଶୁଣ, ଦାନ୍ତରେ ଦାନ୍ତ କଡ଼ମଡ଼
ଶୁଣ, ହାଡ଼ ଭାଙ୍ଗିବାର ମଡ଼ମଡ଼
ମଣିଷର ଚମଡ଼ାବନ୍ଧା ଡ୍ରମରେ
ଉର ହାଡ଼ର ଦମ୍ ଦମାଦମ୍
କ୍ରୋଧୋନ୍ମତ୍ତ ଗୋଇଠି ସ୍ତନର ଡ୍ରମରେ

ଆଘାତ ହେଉଛି,
ଉତ୍ତେଜିତ ସୂର୍ଯ୍ୟ କାନର ପର୍ଦାରେ ଟମ୍‌ଟମ୍‌ର
ଆଘାତ ହେଉଛି
ଚାହିଁ ଅବୁଝା ରଜା ପରି ମୁଣ୍ଡ ଟେକିଛି
ଯେଉଁ ଧୂଳି ଉତ୍‌ପାଟିତ କରୁଛି ସବୁକିଛି ହିଁ
ଆଉ ଏକା ଏକା ନାଚୁଛି, ଆଉ ପଡ଼ି ଯାଉଛି,
ଗଛ ପରି ଯାହାର ମୂଳ ହଠାତ୍ ଶୁଖି ଯାଇଛି
ପ୍ରଥମ ଆଘାତରେ ଧସି ପଡ଼ିଥିବା ଟାୱାର ପରି,
ଲୋକଟି ଆଡ଼କୁ ଚାହିଁ ଯିଏ ପଡ଼ି ଯାଉଛି
ଉଠି ଠିଆ ହେଉଛି ଧୂଳି ଖାଉଛି, ହାମାଗୁଡ଼ି
ଦେଉଛି,
ମାନବ ପତଙ୍ଗ ଯିଏ ଠୁଙ୍କୁଛି ପାହାଡ଼
ଆଉ ଠୁଙ୍କୁଛି ଶତାବ୍ଦୀ ଆଉ ଆଲୋକ ଆଡ଼କୁ
କଡ଼ମଡ଼ କରୁଛି ଦାନ୍ତ,
ଭଙ୍ଗା ପାହାଡ଼, ଭଙ୍ଗା ମଣିଷ, ଭଙ୍ଗା ଆଲୋକ
ଆଡ଼କୁ ଚାହିଁ।
ଆଖିବୁଜି ଥିବା ଆଉ ଆଖି ଖୋଲା ରଖିବା
କଣ ଏକ ହିଁ ବ୍ୟାପାର ?
ଆମ ଭିତରର ଦୁର୍ଗଗୁଡ଼ିକୁ ଚିନ୍ତା, ଭସ୍ମୀଭୂତ
କରିଦିଏ, ଯେମିତି ଅନ୍ୟ ଗୋଟାଏ
ତା ଜାଗାରେ ମଥା ଟେକିପାରେ, ସମସ୍ତ ଅଗ୍ନି
ଓ ଆଲୋକର ରଶ୍ମି ନେଇ,
ପ୍ରତିମୂର୍ତ୍ତିର ବୀଜ ବୃକ୍ଷ ମଧ୍ୟରେ ବଢ଼ିଉଠେ
ଯାହା ଫଟେଇ ଦିଏ ମଥାର ଖପୁରି
ଶବ୍ଦ ଖୋଜେ ଓଠ ଯିଏ ତାର କଥା କହିବ।
ପ୍ରାଚୀନ ମାନବିକ ଝରଣାର ମୁହଁରେ
ଚପି ବସିଛି ବିଶାଳ ପଥର
ସେଠାରେ ଶତ ଶତ ଶତାବ୍ଦୀର ପଥର
ଶତ ସମ୍ବତ୍ସରର ପଥର ଫଳକ, ବଡ଼ ବଡ଼ ପଥର

ମାନବିକ ଝରଣାର ମୁହଁରେ ସ୍ତୁପିକୃତ
ଅନନ୍ତ ମୁହୂର୍ତ୍ତ।
ମୋତେ କହ, ତୃଷ୍ଣା, ଦନ୍ତହୀନ ସମୟ
ଓ କ୍ଷୁଧାରେ ମସୃଣ ପାଲିସକରା ପଥର,
ଦାନ୍ତରେ ଧୂଳିରେ ମିଶେ ଧୂଳି
ଆଉ ତାହାହିଁ ହୋଇଉଠେ ଶତାବ୍ଦୀ ସବୁ
ଆଉ ଶତାବ୍ଦୀଗୁଡ଼ିକ ହେଲା କ୍ଷୁଧା,
ଧୂଳିରେ ଧୂସରିତ ଜଳପାତ୍ର କହ ମୋତେ
ହାଡ଼େ ହାଡ଼େ, ମଣିଷ ମଣିଷରେ
କ୍ଷୁଧାରେ କ୍ଷୁଧାରେ ଠୋକାଠୋକି କଲେ
କଣ ଆଲୋକ ଜନ୍ମନିଏ,
ଯେ ପର୍ଯ୍ୟନ୍ତ ନା ସ୍ଫୁଲିଙ୍ଗ, ଚିତ୍କାର, କଥାର ଫୋୟାରା
ଛୁଟେ,
ଯେତେକ୍ଷଣ ପ୍ରବାହିତ ହୁଏ ନା ଜଳ
ଆଉ ଅବଶେଷରେ ନୀଳକାନ୍ତ ମଣି ପତ୍ରସବୁ
ଜାଗ୍ରତ ହୋଇ ଉଠେ କଅଁଳେ।
ଚକ୍ଷୁ ଖୋଲା ରଖି ହିଁ ଆମେ ସବୁ ଶୋଇବୁ,
ହାତ ଆମକୁ ଦେଖେଇବ ସ୍ୱପ୍ନ
ଆମେ ସବୁ ସ୍ୱପ୍ନ ଦେଖିବୁ ସେଇ ନଦୀର
ଯିଏ ଖୋଜୁଛି ତାର ଗତିପଥ, ସେହି ସୂର୍ଯ୍ୟର
ଯିଏ ସ୍ୱପ୍ନ ଦେଖୁଛି ତାର ପୃଥିବୀର,
ଆମେ ସ୍ୱପ୍ନ ଦେଖିବୁ ଚିତ୍କାର କରି,
ଆମେ ଗୀତ ଗାଇବୁ ଯେତେକ୍ଷଣ ନା
ଗୀତରୁ ବାହାରି ଆସେ
ମୂଳ, ଗଣ୍ଡି, ଶାଖା ପ୍ରଶାଖା, ପକ୍ଷୀ, ନକ୍ଷତ୍ରର ଝାଁକି
ଆମେ ଗୀତ ଗାଇବୁ ଯେତେକ୍ଷଣ ନା
ନିଦ ବାଉଳାମାନଙ୍କର ପଂଜରା ଓ ଜଂଘାର ମଧ୍ୟସ୍ଥାନ
ବିପଜ୍ଜନକ
ହୋଇଉଠେ।

ସ୍ୱପ୍ନ,
ପୁନର୍ଜାଗରଣର ଲାଲ ଗହମଶୀଷା,
ମାନବୀ ସଦୃଶ ଜଳ, ଝରଣା ଯେଉଁଠାରୁ
ତୃଷ୍ଣା ମେଣ୍ଟେଇ ପାରେ ଆଉ ପରସ୍ପରକୁ
ଚିହ୍ନେ
ଉଦ୍ଧାର କରିପାରେ
ଝରଣା ଯିଏ ଆମ୍ଭମାନଙ୍କୁ କହେ ଆମେ ମଣିଷ:
ଜଳ, ରାତିରେ ଯାହା ସେହି ଏକ କଥା ହିଁ କହେ
ଆଉ ଆମର ନାଆଁ ଧରି ଡାକେ,
ଶବ୍ଦର ଝରଣା ଯାହା କହେ ମୁଁ, ତୁମେ, ସେ
ଆମେ ଏକ ବିଶାଳ ବୃକ୍ଷର ଅଧିନରେ
ବୃଷ୍ଟିର ଜୀବନ୍ତ ଖୋଦାଇକରା ପ୍ରତିମୂର୍ତ୍ତି,
ଯେଉଁଠାରେ ଆମେ ଉଚ୍ଚାରଣ କରୁ
ଚମତ୍କାର ସବୁ ସର୍ବନାମ, ନିଜକୁ ଜାଣୁ
ଆଉ ନିଜ ନାମ ପ୍ରତି ବିଶ୍ୱସ୍ତ ରହୁ,
ଆମେ ସ୍ୱପ୍ନ ଦେଖିବୁ ଅତୀତର, ଉତ୍ସ ପଥର
ଆମେ ଖେୟା ଟାଣି ଫେରିଯିବୁ
ଶତାବ୍ଦୀଗୁଡ଼ିକ ଆଡ଼କୁ,
ଶୈଶବର ଆର ପାଖରେ, ଆରମ୍ଭର ସେପାରି
ଦୀକ୍ଷା ନେଇ ଜଳର ସେ ଧାରାରେ
ମଣିଷ ମଣିଷର ବାଧା ପ୍ରାଚୀର ଆମେ ଭାଙ୍ଗିବୁ।
ଯାହା ବିଚ୍ଛିନ୍ନ ହୋଇ ଯାଇଛି କରିବୁ ତାର
ପୁନର୍ମିଳନ,
ଜୀବନ ଓ ମୃତ୍ୟୁ ଏକେ ଅନ୍ୟର ବିପରୀତ
ପୃଥିବୀ ନୁହେଁ,
ଏକଇ ବୃନ୍ତରେ ଆମେ ଦୁଇଟି କୁସୁମ,
ଆମେ ଖୋଜି ବାହାର କରିବୁ ହିଁ
ହଜି ଯାଇଥିବା ଶବ୍ଦ, ସ୍ୱପ୍ନ ଦେଖିବୁ ଭିତରୁ,
ସ୍ୱପ୍ନ ଦେଖିବୁ ବାହାରୁ ବି,

ରାତିର ଚିତାକୁଟା ଦାଗର ରହସ୍ୟ ଉଦ୍ଧାର କରିବୁ
ଏବଂ ଦ୍ୱିପ୍ରହରେ ଚାହିଁବୁ ମୁହାଁମୁହିଁ
ଆଉ ଛିଣ୍ଡେଇ ପକେଇବୁ ତା ମୁଖା,
ସୂର୍ଯ୍ୟର ଆଲୋକରେ ସ୍ନାନ ସାରି
ଖାଇବୁ ରାତ୍ରିର ଫଳ ଆଉ ପଢ଼ିବୁ
ନକ୍ଷତ୍ର ଓ ନଦୀର ଭାଷା,
ସ୍ମରଣ କରିବୁ ରକ୍ତ, ଜୁଆର ଭଟ୍ଟା, ମାଟି ଓ ଦେହ -
କହନ୍ତି କି କଥା,
ବିଦାୟର ବିନ୍ଦୁକୁ ଫେରିବୁ
ନା ଭିତରକୁ ନା ବାହାର ଆଡ଼କୁ
ନା ଉପରକୁ ନା ତଳକୁ ସେଇ
ରାସ୍ତାର ମୋଡ଼କୁ ଫେରିବୁ
ଯେଉଁଠାରେ ସବୁ ପଥର ହିଁ ଅୟମାରମ୍ଭ
ଜଳର ଶବ୍ଦରେ ଗୀତ ଗାଉଛି ଆଲୋକ,
ପତ୍ରରେ ଶବ୍ଦରେ ଜଳ, ଫଳ-
ଭାରାବନତ ଭୋର୍ ଦିନ ଓ ରାତି ଏକ
ସଙ୍ଗରେ ହିଁ ବହି ଚାଲିଛି ଶାନ୍ତ ନଦୀଟିଏ
ପରି ପୁନର୍ମିଳନରେ,
ଦିନ ଓ ରାତି ଏକେ ଅନ୍ୟକୁ
ଆଦର କରୁଛନ୍ତି
ଯେମିତି ନିବିଡ଼ ପ୍ରେମରେ-
କୌଣସି ନାରୀ ଓ ପୁରୁଷ
ଏବଂ ଋତୁଗୁଡ଼ିକ ଓ ମାନବ ସଭ୍ୟତା
ବହି ଚାଲିଛି ଏକ ଅନ୍ତହୀନ ନଦୀ ସଦୃଶ
ଧନୁକାକୃତି ଶତାବ୍ଦୀଗୁଡ଼ିକର ଅଧୀନରେ
ଉତ୍ସର ଜୀବନ୍ତ କେନ୍ଦ୍ରଟି ଆଡ଼କୁ
ଶେଷ ଏବଂ ଆରମ୍ଭ ସେପାରେ ।

ଅଶ୍ମୀଭୂତଶିଳା ପଥରରେ ରୂପାନ୍ତରିତ

ମୃତଦେଶ
ଛାୟାବୃତା ମୃତଦେଶ କ୍ୟାକ୍‌ଟସ୍
ବିଭଙ୍ଗ କ୍ୟାକ୍‌ଟସ୍ ନେପାଲୋପୋଲିସ୍
ଛାଇଭସ୍ମ ପଥର ହାଡ଼ର ବସା, ନକଲି ପ୍ରଶଂସା
ଶୂନ୍ୟ କୋଟର
ପଥରରେ ରୂପାନ୍ତରିତ ନିଆଁ
ସୂର୍ଯ୍ୟ କେବେ ପାନ କରେନା ହ୍ରଦ
ପୃଥିବୀ କେବେ ଦ୍ରବୀଭୂତ କରେନା ତାକୁ
ଜଳ କେବେ ଅଦୃଶ୍ୟ ହୁଏନା
ବତାସରେ।
ମଣିଷ ଥିଲା ଧୂଳିର ପରିଚାଳକ
ପବନ
ନିଆଁର ଶୀତଳ ଶଯ୍ୟାରେ ଘୁରିବୁଲେ
ପବନ
ଅନାବୃଷ୍ଟିର ପ୍ରାର୍ଥନାସଂଗୀତ ଗାଏ ଗିର୍ଜାରେ
ଜଳର ଗମ୍ବୁଜେ
ପବନ
ନିଃଶେଷିତ ଆଗ୍ନେୟଗିରି ମୁହଁରେ ଭଂଗା ଛୁରି
ପବନ
ଶୋରାର ଫିସ୍‌ଫାସ୍
ସୂର୍ଯ୍ୟ
ସୌରହୃଦୟର ଶୋଣିତ ସ୍ରୋତବାହୀ ଧମନୀର
ଆତ୍ମା କେନ୍ଦ୍ରୀୟ ସମଗ୍ରତାର ସ୍ୱର୍ଣ୍ଣଯୁଗ
ଫାଟ ଧରାଏ
ଶବ୍ଦରେ ଯାହା ନିଆଁର ଜିଭରେ ଲିଭି ଆସେ-
ବର୍ଷକର ହିସାବନିକାଶର ସଂଖ୍ୟା ଧ୍ୱଂସ କରେ

ଦିବସର ସଂଗୀତ
ଟୁକୁରାଟାକ୍‌ରା ଲୁହାର ବୃଷ୍ଟି
ସ୍ତୁପିକୃତ ଶବ୍ଦର ଧାତୁମଳ
ବାଲିର ପ୍ରଥମ ଭାଗ
ବିଚୂର୍ଣ୍ଣ ଚିତ୍କାର
ତାହେଲେ ମୋର ଦାୟ ଆଫରେନବାଜ ଆଲ୍‌ରୋନଜାଲ
ବିକୃତ ସୂରେ ଘ୍ୟାନଘ୍ୟାନକରା ସମସ୍ୟା ସୃଷ୍ଟିକାରୀ
ପଥର କୁଚିରେ ସାଦା ପପ୍‌ଲାର୍
ଅନୁଗାମୀ ଗୁପ୍ତଘାତକ
ପାଗାନ୍ ଶିକ୍ଷକ
ବାକ୍‌ପଟୁ ଜୁଆଚୋର
ଏକଚକ୍ଷୁ କୁକୁରର ହଠାତ୍ ଘେଉଘେଉ
ମୃତର ପଥପ୍ରଦର୍ଶକ
ହଜିଯାଏ
ଜହ୍ନର କୁଣ୍ଡଳିପକା ନାଭିଗର୍ଭରେ
ମେହିକୋର ଉପତ୍ୟକା
ଗ୍ରହଣ ମଧ୍ୟରେ ଓଠ
ଲାଳ ନିଃସୃତ ଲାଭା
କ୍ରୋଧରେ ପଚା ସିଂହାସନ
ଏକବାଗିଆ କଳା କାଚରଙ୍ଗା ଆଗ୍ନେୟଶିଳା
ପଥରରେ ରୂପାନ୍ତରିତ
ପଥରରେ ରୂପାନ୍ତରିତ ହେଉଛି
କ୍ରୋଧ
ଆର୍ତ୍ତନାଦ ପରି ଦୀର୍ଘ
ତୈଳାକ୍ତ ସ୍ତନଯୁଗଳ
କ୍ରୋଧୋନ୍ମତ୍ତ ମୁହଁ
ଶୁଖିଲା ସବୁଜ ରକ୍ତଶିକୁଳି
କ୍ରୋଧ
କ୍ଷତ ମଧ୍ୟରେ ବସିଥିବା ନଖ

କ୍ରୋଧର ଛୁରି ଚାହିଁଥିବା
ବ୍ଲେଡ୍‌ର ଫାଳ ।
କଣ୍ଟା ଓ ପାଇନ୍ ଗଛର
ଦେଶରେ ପାହାଡ଼ର ସର୍କସ୍
ମେଘର ଥିଏଟର୍
ମଧ୍ୟାହ୍ନର ଟେବୁଲ
ଜହ୍ନର ମସିଣା
ନକ୍ଷତ୍ରର ଉଦ୍ୟାନ
ବୃଷ୍ଟିର ଡ୍ରମ
ଝିର୍‌ଝିର୍ ହାୱାର ବ୍ୟାଲ୍‌କନି
ସୂର୍ଯ୍ୟର ଆସନ
ନକ୍ଷତ୍ରପୁଞ୍ଜର ବଲ୍‌ଖେଳ
ବିସ୍ଫୋରିତ ପ୍ରତିମୂର୍ତ୍ତି
ଶୂଳବିଦ୍ଧ ପ୍ରତିମୂର୍ତ୍ତି
ଝୁଲନ୍ତ ହାତ ଲମ୍ଫ ଦିଏ
ଉପୁଡ଼ା ଜିଭ ଲମ୍ଫ ଦିଏ
ଫାଳ ଫାଳ କଟା ସ୍ତନଯୁଗଳ ଡିଏଁ
ଗିଲୋଟିନ୍‌ରେ କଟାଶିଳ୍ପ
ଧୂଳି ପରେ ଧୂଳିର ଭିତରେ ବାରବାର
ପଛ ଅଗଣାରେ
ସେମାନେ କାଟିଛାଟି ରଖନ୍ତି ରକ୍ତ ଗଛ
ବୁଦ୍ଧଦୀପ୍ତ ବୃକ୍ଷ
କାଟି ଫାଳ ଫାଳ କରା
ପ୍ରତିମୂର୍ତ୍ତିର ଧୂଳି
କୁମାରୀ
ସାପର ମୁକୁଟ
ଛାଲଛଡ଼ା ହୋଇଥିବା
ତୀରବିଦ୍ଧ ଶରଶଯ୍ୟା-କ୍ରୁଶବିଦ୍ଧ
ହମିଂ ପକ୍ଷୀ, ସ୍ଫୁଲିଙ୍ଗର ଡେଣା-

ଫୁଲର କଳଙ୍କଚିହ୍ନ ମଶାଲ
ଯିଏ ଜଳର ଭାଷାରେ କଥା କହେ
ଆମର ଭଦ୍ର ମହିଳା
ମଦ୍ୟର ସ୍ତନଯୁଗଳ ଓ ରୁଟିର ତଳପେଟ
ଚୁହ୍ଲି
ଯେଉଁଠି ମୃତମାନଙ୍କୁ ପୋଡ଼ାହୁଏ
ଆଉ ଜୀବିତମାନଙ୍କୁ ସେକା ହୁଏ
ବୁଢ଼ିଆଣୀ, ବତାସର କନ୍ୟା
ସେ ତାର ହାୱାର ଘରେ
ଘୁରି ବୁଲୁଥିବା ସ୍ପନ୍ଦିତ ଆଲୋକ
ଘୁରି ଘୁରି ଯାଉଛି ଶତାବ୍ଦୀ ଓ ଦିନ
ଖରଗୋସ୍
ହାୱା
ଜହ୍ନର ଆଇନାରେ ଖୋଦେଇକରା
ପ୍ରତିମୂର୍ତ୍ତି
ମୃତ କୁକୁର ଆଖିର ସାମ୍ନାରେ କବର ଦିଆହୁଏ
ପତିତ ହୁଏ
କ୍ରମେ ବଢ଼ି ଉଠୁଥିବା ଉତ୍ସର କୂପ ମଧ୍ୟରେ
ପ୍ରତିଫଳନର ଘୂର୍ଣ୍ଣିଝଡ଼
ସ୍ମୃତିର ପଥର ଥିଏଟରରେ
ପ୍ରତିମୂର୍ତ୍ତି
ଶୂନ୍ୟଚକ୍ଷୁର ସର୍କସରେ
ଘୁରି ଘୁରି ଯାଉଛି ବାଦାମି ସବୁଜ ଲାଲର
ଧାରଣା
ମାଛିର ପଲ
ଧାରଣା ଦେବତାମାନଙ୍କୁ ଖାଇ ନିଅନ୍ତି
ଦେବତାମାନେ
ହୋଇ ଉଠନ୍ତି ଧାରଣା
ବିରାଟ ଫିମ୍ପିଉଠା ଥଳି ପିଓରସରେ ଭର୍ତ୍ତି

ଥଳି ଫାଟିଯାଏ
ବିଗ୍ରହ ବିସ୍ଫୋରଣରେ ଭାଙ୍ଗି ଚୁନା ଚୁନା
ଦେବତାମାନଙ୍କର ପତନ
ଉପାସନାର ପବିତ୍ର ସ୍ଥାନ ଥିଲା
ଗଦାକରା ଗୋବର
ଗଦାକରା ଗୋବର ନର୍ସରୀ
ସଶସ୍ତ୍ର ଧାରଣାସବୁ ବିଛେଇ ହୋଇ ପଡ଼େ
ଉପସ୍ୟାର ପାତ୍ର ହୋଇ ଉଠନ୍ତି
ଧାରଣାର ଦେବତାମାନେ ସବୁ
ଶାଣିତ ନ୍ୟାୟାନୁସାରୀ
ନରଖାଦକ ଦେବତାଗଣ
ମୂର୍ଖ ଭଳି ଧାରଣା
ଯେମିତି ଦେବତାଗଣ
କ୍ଷିପ୍ର କୁକୁରମାନେ
ନିଜର ବାନ୍ତି ସହ ଯେଉଁ ସବୁ
କୁକୁରଙ୍କର ଭଲ ପାଇବା
ଆମେ ଖୋଳି ତୋଳିଛୁ କ୍ରୋଧ
ଗୋବରଗଦା ଉପରିସ୍ଥ
ସୂର୍ଯ୍ୟର ଆମ୍ଫି ଥିୟେଟାର୍
ଗୋବର ସ୍ତୁପ, ଚନ୍ଦ୍ରମାର ଜଳ ଫୋୟାରା
ପ୍ରେମିକାମାନଙ୍କର ଉଦ୍ୟାନ
ଗୋବରର ସ୍ତୁପ
ଗୋବରର ସ୍ତୁପ ଚନ୍ଦ୍ରମାର ଜଳର ପୋୟାରା
ପ୍ରେମିକମାନଙ୍କର ଉଦ୍ୟାନ
ଗୋବରର ସ୍ତୁପ
ଖୁନୀ ମୂଷିକର ନୀଡ଼ ଗ୍ରନ୍ଥାଗାର
ବିଶ୍ୱବିଦ୍ୟାଳୟ ମୁଣ୍ଡକରେ ଭର୍ତ୍ତି ପଶୁବିଷ୍ଠା
ପୂଜାବେଦିର ପ୍ରତାରଣା
ମଗଜ କାଳିରେ କଳଙ୍କିତ

ଚୋରମାନଙ୍କ ଆସ୍ଥାନରେ ତର୍କ କରନ୍ତି
ଡାକ୍ତରମାନେ
ବ୍ୟବସାୟୀଗଣ
ଉପବାସୀ ରଖେ ହାତ ସୁଧୀର ଚିନ୍ତାସମୂହ
କବରସ୍ଥାନରେ ଅଧିକାରିର କାମକରେ,
ନ୍ୟାୟବାଗିଶଗଣ ମହିମାନ୍ୱିତ କରନ୍ତି
ଫାଶି ଦଉଡ଼ିର ରହସ୍ୟ
ବିବେକବାନ ଲୋକେ ପବିତ୍ର ଜଳ ସଙ୍ଗରେ
ବିଛେଇ ଦିଅନ୍ତି କଟାଗଲା
ଅନ୍ଧବିଶ୍ୱାସୀ ଦୁଧ ସଙ୍ଗରେ ବଳ ପ୍ରୟୋଗକୁ
ଲାଳନ କରେ
ଏହାର ଠିକ୍ ବିପରୀତରେ ସ୍ଥିର ଧାରଣା
ମାତାଲ ହୋଇ ଭୋଜବାଜିକରା ଭଳି ଆଦର୍ଶବାଦୀ
ନ୍ୟାୟ ଫାଙ୍କରେ ଶାଣଦିଆ ଲୋକ
ଉଦ୍ଧୃତିରେ ଛାଇ ଦେଇଥିବା ତା ଘରର
ନକ୍ସା ପରିଶ୍ରମୀ ଖୋଜା ପୁରୁଷ ପାଇଁ ସ୍ୱର୍ଗୋଦ୍ୟାନ
ଫାସିକାଠର ଅରଣ୍ୟ ପଂଜୁରୀର ସ୍ୱର୍ଗଲୋକ
କଚରା ଭର୍ତ୍ତି ପ୍ରତିମୂର୍ତ୍ତି
ନିର୍ଗତ ହୁଏ ଉତ୍ସରେ
ଭବିଷ୍ୟତର କାରାକକ୍ଷ, ବର୍ତ୍ତମାନର ଚିକିତ୍ସକ
ମୁହାଁମୁହିଁ ହୁଏ ସମୟର ଜୀବନ୍ତ ଦେହର
ଆମେ ରାଗକୁ ମାଟି ଖୋଳି ପାଇଛୁ
ମେହିକୋର ବକ୍ଷପୁଟେ
ସୂର୍ଯ୍ୟର ଲେଖା ଫଳକ
ଶତାବ୍ଦୀର ହାତଓ୍ୱାଲା ସିଡ଼ି
ବତାସରେ ପେଚାର ଫଳକ
କବର ଖୋଳି ତୋଳା ନାଚ
କ୍ରୋଧରେ ଧକଉଥିବା ତୃଷ୍ଣା

ଅପରାହ୍ନର ସୂର୍ଯ୍ୟ ତଳେ
ଅନ୍ଧର ଦ୍ୱନ୍ଦଯୁଦ୍ଧ
ତୃଷ୍ଣାର ସ୍ପନ୍ଦିତ କ୍ରୋଧ
ଏକେ ଅନ୍ୟକୁ ପଥର ଫିଙ୍ଗିଫିଙ୍ଗି
ଏକେ ଅନ୍ୟକୁ ମାରୁଛନ୍ତି ଅନ୍ଧମାନେ
ମଣିଷମାନେ ଭାଙ୍ଗି ଦୁରମୁଷ୍ ହେଉଛନ୍ତି
ପଥର ହେଉଛି ଚୂର୍ଣ୍ଣବିଚୂର୍ଣ୍ଣ
ତାହାରି ମଧ୍ୟରେ ଅଛି ଜଳ, ଆମେ ପାନ କରୁ
ତିକ୍ତତାର ଜଳ
ତୃଷ୍ଣାକୁ ପ୍ରରୋଚିତ କରୁଛି ଜଳ
କାହିଁ ଅନ୍ୟ ଜଳ ?

ପ୍ରତ୍ୟାବର୍ତ୍ତନ

(ଜୋସେ ଆଲ୍‌ଭାର୍‌ଦୋଙ୍କୁ)

ଗ୍ରାମକୁ ଫେରିବାକୁ ନ ହେଲେ ହିଁ ଭଲ
ଧ୍ୱଂସସ୍ତୂପରେ ହଜେଇ ଥିବା ସ୍ୱର୍ଗ ନୀରବ
ବିଦୀର୍ଣ୍ଣ ଗୋଲାର ଧୂଳିମିଶା ଟୁକୁରାରେ ।
ରାମୋନ୍ ଲୋପେଜ୍ ଭେଲାର୍ଦେ
କୋଣର ବାଙ୍କରେ ସ୍ୱର
ସ୍ୱର
ସୂର୍ଯ୍ୟର ପ୍ରସାରିତ ହାତର ଭିତର ଦେଇ
ତରଳ ପ୍ରାୟ
ଛାୟା ଓ ଆଲୋକ ।
ସିଟି ମାରୁଛି କମାର
ସିଟି ମାରୁଛି ବରଫବାଲା
ତିନୋଟି ପାଇନ୍ ଗଛ
ସିଟି ମାରୁଛି ପ୍ଲାଜାର ମଧ୍ୟରେ
ଅଦୃଶ୍ୟ ପତ୍ର ବଢୁଛି ଶବ୍ଦର
ମଥା ତୋଳୁଛି
ସମୟ
ବିଛେଇ ହୋଇ ପଡ଼ିଛି ଶୁଖିବାକୁ ମଥାରେ
ମିକ୍ସକୋୟାକୁମୁଁ
ଡାକବାକ୍ସରେ
ଚିଠିପତ୍ର ପଚେ,
ବୋଗେନ୍‌ଭିଲିୟା
ବିଛେଇ ପଡ଼ିଛି ସଫେଦ୍ କେଶର ଦେବାଲରେ
ସୂର୍ଯ୍ୟର ଆଲୋକରେ ଚେପ୍‌ଟା
ଏକ କଳା ଦାଗ, ନାଲିଚିଆ ବାଇଗେଣି
ସୂର୍ଯ୍ୟର ଲେଖା

ଆବେଗପ୍ରବଣ କ୍ୟାଲିଗ୍ରାଫି
ମୁଁ ପଛକୁ ଫେରି ଯାଉଛି
ଯାହା ମୁଁ ଛାଡ଼ି ଆସିଛି ଫେରୁଛି ସେଠିକି
ଅଥବା ଯାହା ମୋତେ ଛାଡ଼ି ଯାଇଛି
ସ୍ମୃତି
ଅତଳଗହ୍ୱରର କିନାରା
ବ୍ୟାଲକନି
ଶୂନ୍ୟତା ଉପରେ
ସାମ୍ନାକୁ ଆଗେଇ ନ ଯାଇ ମୁଁ ଚାଲେ ସାମ୍ନାକୁ
ମୋତେ ଘେରି ରହିଛି ସହର
ବତାସ ବ୍ୟତୀତ ମୁଁ
ଦେହ ବ୍ୟତୀତ
ପଥର ବ୍ୟତୀତ
ଯାହା ତକିଆ ଓ ଫଳକ
ଘାସ ଯାହା ମେଘ ଓ ଜଳ
ଆତ୍ମା ବାହାରକୁ ବାହାରି ଯାଏ
ଦ୍ୱିପ୍ରହର
ଆଲୋକର ପଂଝାରେ ଆଘାତ ହାଣେ
ଯେମିତି ଅଫିସ୍ ଅଥବା ପଥ ଉପରେ
ଶ୍ୱାସରୁଦ୍ଧ ହୋଇ ମୃତ୍ୟୁ ହୁଏ
ଶେଷ ନିଶ୍ୱାସ ପକାଏ ହାସପାତାଳରେ
ଯାହା ମୁମୂର୍ଷୁର ଯନ୍ତ୍ରଣା ପରି
ତାହା କେବେ ଯନ୍ତ୍ରଣା ହୋଇ ପାରେନା ।
ମୁଁ ପଛକୁ ଫେରେ
ସେହି ପଥଚାରୀ
ଏବେ କୁୟାଶା ବ୍ୟତୀତ
ଅନ୍ୟକିଛି ନୁହେଁ ।
ଦୁଃସ୍ୱପ୍ନର ଅଙ୍କୁର
କୁଷ୍ଠବ୍ୟାଧିଗ୍ରସ୍ତ ପ୍ରତିମୂର୍ତ୍ତିର ଉପଦ୍ରବ

ଜରାୟୁ ମଗଜ ଓ ଫୁସ୍‌ଫୁସ୍‌ରେ
କଲିଜା ଓ ମନ୍ଦିରର ଜନନେନ୍ଦ୍ରିୟରେ
ସିନେମାହଲ ଗୁଡ଼ିକରେ
ଆକାଙ୍କ୍ଷିତ ଭୂତଗ୍ରସ୍ତ ଜନସଂଖ୍ୟା
ଏଠି ସେଠି ସଭାସ୍ଥଳରେ
ଇୟେ ଆଉ ସିଏ
ଭାଷାର ଯନ୍ତାକଳରେ
ସ୍ମୃତି ଓ ଆବାସରେ ତାର
ବଙ୍କା ନଖ ଓ ପ୍ରଲମ୍ବିତ ଦାନ୍ତରେ ପରିପୂର୍ଣ୍ଣ
ଝାଁକ ଝାଁକ କାରଣ ଛୁରିର ଆକାର ନିଏ
ଭୂଗର୍ଭସ୍ଥ ସମାଧିରେ, ପ୍ଲାଜାରେ
ଋଷିର କୂପମୂଳରେ
ଆଇନାର ବିଛଣାରେ, ଦାଢ଼ି ଖିଅର ହେବା ଖୁରରେ
ସ୍ୱପ୍ନଚାରୀର ପୟଃ ପ୍ରଣାଳୀରେ
ବସ୍ତୁ ମଧ୍ୟରେ, ଭଣ୍ଡାରର ଝରକାରେ
ପାଳକର ସିଂହାସନ ଉପରେ ବସି
ଧ୍ୱଂସର ବର୍ଦ୍ଧିଷ୍ଣୁ ଗଛପତ୍ର
ପକ୍ୱ ହୋଇ ଉଠିଥିବା ମାଟି ଭିତରେ
ମେହିକୋର ବ୍ୟାଙ୍କରେ
ସେମାନେ ପୋତୁଛନ୍ତି
ପ୍ଲାଜାର କୋଣେ କୋଣେ
ମିଲିୟନ ମିଲିୟନ ପୁରୁଣା ନୋଟ।
ଜନସଂଯୋଗସ୍ଥଳର ପ୍ରଶସ୍ତ ବେଦିମୂଳରେ
ସିଭିକ୍ ଚର୍ଚ୍ଚର ଫାଦର୍‌ମାନେ
କାଠକଣ୍ଢେଇ ଭାଣ୍ଡଙ୍କର ନୀରବ ସଭାକକ୍ଷ
ନା ଇଗଲ୍ ନା ଜାଗୁଆର୍
ଶିକାରୀ ଆଇନ ବ୍ୟବସାୟୀ

ଧ୍ୱଂସକାରୀ
କାଳିର ଡେଣା କରତକଟା ଥୋଡ଼ିର ହାଡ଼
ମାୟା ସ୍ୱରବାଲା ଛୋଟ ଛିଣ୍ଡାକନା
ଛାୟାର ଫେରିବାଲା
ମୂଲ୍ୟବାନ ନାଗରିକ
ମୁର୍ଗୀଚୋର ଭାଲୁ
ର୍‍ୟାଟଲ୍ ଓ ତାର ସାପ ପାଇଁ ମନୁମେଣ୍ଟ୍
ମାଉଜର୍ ଓ ମୋଚେଟ୍ ପାଇଁ ପବିତ୍ର ବେଦୀ
ନୌବାହିନୀର ସେନାପତିର ସାଜରେ କିମ୍ଭୀର
ସିମେଣ୍ଟର ଶବ୍ଦଗୁଚ୍ଛରେ ଖୋଦେଇକରା ବାଗ୍ମୀ
ରାତି ବ୍ୟାଧିଗ୍ରସ୍ତ ସ୍ଥାପତ୍ୟକଳା
ଅସହାୟ କିଲ୍ଲା
ପଚିସଢ଼ି ଯାଇଥିବା ମ୍ୟୁନିସିପାଲଟିର ଉଦ୍ୟାନ
ସୋରାର ଟିବି
ଶୂନ୍ୟଭାଗ
ସହରୀ ଯାଯାବରମାନଙ୍କ ଶିବିର
ପିମ୍ପୁଡ଼ିବସା କୃମିଫାର୍ମ
ସହରର ଅସଂଖ୍ୟ ସହର
କ୍ଷତର ଦୋମୁହାଁ ପଥ
ଜୀବନ୍ତ ମାଂସର ସରୁ ଗଳି
ଅନ୍ତ୍ୟେଷ୍ଟିକ୍ରିୟାର ପାର୍ଲର
କଫିନର ଶୋ ଉଇଣ୍ଡୋ
ବେଶ୍ୟାମାନେ
ବ୍ୟର୍ଥ ରାତିର ସ୍ତମ୍ଭ
ଭୋରବେଳା
ସ୍ରୋତରେ ଭାଗ୍ୟ ବାର ବିଶାଳ
ଆଇନାର ଗାଲି
ବିଶାଳ ଆଇନା ଗଳିଯାଏ
ଯେଉଁଠି ନିଃସଙ୍ଗ ପାନକାରୀଗଣ

ମନେକରେ ସେମାନଙ୍କ ମୁହଁରେ ଘାଇ ପଡ଼ିଛି
ତାର ହାଡ଼ର ବିଛଣାରୁ ସୂର୍ଯ୍ୟ ଉଠେ
ବତାସ ବତାସ ନୁହେଁ
ବାହୁ ବା ହାତ ନଥିବାରୁ
ଶ୍ୱାସରୋଧ ହୋଇ ଆସୁଛି,
ପର୍ଦା ଚିରି ପକେଇବା ଭୋର୍
ସହର
ଭଙ୍ଗା ଶବ୍ଦର ଟିବି
ପବନ
ଧୂଳିଭର୍ତ୍ତି କୋଣେ କୋଣେ
କାଗଜ ଘୁରଉଛି
ଗତକାଲିର ସଂବାଦ
କିଉନିଫର୍ମ ଫଳକ ଭାଙ୍ଗି ଟୁକୁରା ଟୁକୁରା
ଧୂଳିରେ ମିଶିବା ଠାରୁ
ଅନେକ ପୁରୁଣା
ଫାଟଧରା ବାଇବେଲ୍
ଭାଙ୍ଗି ଟୁକୁରା ଟୁକୁରା ଭାଷା ।
ଚିହ୍ନଫିହ୍ନ ଭାଙ୍ଗି ଯାଇଛି
ଅତଳ ତଲାଟିଟ୍ଲୋକ୍ଲି
ଟୁକୁରା ଟୁକୁରା ହୋଇଥିଲା
ଅଗ୍ନିଦଗ୍ଧ ଜଳ
କୌଣସି କେନ୍ଦ୍ର ନାହିଁ
ଗିର୍ଜାର ଉପାସକ ସମାବେଶରେ
ନିଜକୁ ଉତ୍ସର୍ଗ କରିବାର
କୌଣସି କେନ୍ଦ୍ର ନାହିଁ
ବର୍ଷ ବିସ୍ତରି ପଡ଼େ
ଭାଙ୍ଗିଯାଏ ଦିଗଚକ୍ରବାଳ
ସହରକୁ ଚିହ୍ନିତ କରେ

ପ୍ରତିଟି ଦରଜାର
ପ୍ରତିଟି କପାଳରେ
ଡଲାର ଚିହ୍ନ
ଆମେ ପରିବୃତ
ଯେଉଁଠାରୁ ଆରମ୍ଭ କରିଥିଲି ଫେରିଛି
ଜୟ କରିଛି ନା ହାରିଚି ?

(ତୁମେ ଜାଣିବାକୁ ଚାହଁ
"ସାଫଲ୍ୟ 'ଓ' ବ୍ୟର୍ଥତା କେଉଁ ଆଇନରେ ସିଦ୍ଧ ?
ନାଉରୀର ଗୀତ ଭାସି ଯାଉଛି
ସ୍ଥିର ନଦୀର ତୀରରୁ
ଓୟାଂଉଇରୁ ନାୟକ ଚାଙ୍ଗ୍
ହ୍ରଦ ଉପରେ ତାର କେବିନରୁ
କିନ୍ତୁ ମୁଁ ଚାହିଁନି
ଜଣେ ବୁଦ୍ଧିମାନ ଋଷି
ସାନ ଏଞ୍ଜେଲ୍ ବା କେୟୋଆକାନେ)
ସବୁ କିଛି ହଜି ଗଲେ
ସବୁକିଛି ହିଁ ଲାଭ
ମୁଁ ଚାଲିଯାଏ ନିଜ ଆଡ଼କୁ
ପ୍ଲାଜା ଆଡ଼କୁ
ନିଜ ମଧ୍ୟରେ ଶୂନ୍ୟତା
ଇଏ କେଉଁ ଧ୍ୱଂସସ୍ତୁପରେ ମିଶା
ନନ୍ଦନକାନନ ନୁହେଁ
ଇଏ ହେଲା ସମୟର ନାଡ଼ୀର ସ୍ପନ୍ଦନ
ସମସ୍ତ ସ୍ଥାନରେ ମିଳିତ ଭାବରେ ପ୍ରବାହିତ
ଅସ୍ତିତ୍ୱର ସ୍ପନ୍ଦନ

କ୍ଷଣସ୍ଥାୟୀ ଶୂନ୍ୟତାରେ
ପବନର ହୁଇସିଲ୍
ଆ୍ୟାଶ୍ ଗଛରେ
ଫୋୟାରାଗୁଡ଼ିକ
ଆଲୋକ ଓ ଛାୟା ପରି ପ୍ରାୟ ତରଳ ପଦାର୍ଥ
ଜଳ ପ୍ରବାହର ସ୍ୱର।
ରଶ୍ମିର ପ୍ରବାହରେ ହଜିଯାଏ
ପ୍ରତିଫଳନର ଗୁଚ୍ଛ
ରହିଯାଏ ମୋ ହାତରେ
ନ ଆଗେଇ ମୁଁ ସାମ୍ନାକୁ ଗଲେ।
ଆମେ କେବେ ପହଞ୍ଚୁନା
ପହଞ୍ଚି ପାରୁନା ଆମେ ଯେଉଁଠି ଅଛୁ
ଅତୀତରେ ବି ନୁହେଁ
ବର୍ତ୍ତମାନ ସ୍ପର୍ଶାତୀତ।

■

ବିଶେଷ କବିତା

ଦୁଇଟି ଉଦ୍ୟାନର ଉପକଥା

ଘର, ଉଦ୍ୟାନ
କୌଣସି ସ୍ଥାନ ହିଁ ନୁହେଁ
ଘୁରୁଛି, ଆସୁଛି ଆଉ ଯାଉଛି।
ଆପାତ ଦୃଶ୍ୟରେ ସବୁକିଛି
ମହାଶୂନ୍ୟ ଖୋଲିଯାଏ
ଅନ୍ୟ ଏକ ମହାଶୂନ୍ୟକୁ
ସମୟ ଭିତରେ ଅନ୍ୟ ସମୟକୁ
କୌଣସି କିଛି ତ୍ୟାଗ କରିବା ନୁହେଁ
ସେ ସବୁକୁ ଗ୍ରହଣ କରିବା ପାଇଁ
ଆମେ ଦଗ୍ଧ ହେବୁ
ସେଇ ମୁହୂର୍ତ୍ତଗୁଡ଼ିକରୁ ଗୋଟିକର
ଜୀବନ୍ତ ନିଆଁରେ
ଯଦି ତାହା ମୁହୂର୍ତ୍ତକ ପାଇଁ ବି
ଦୀର୍ଘତର ହୋଇଉଠେ
ସମୟକୁ ହତ୍ୟା କରିବା ଅପରାଧରେ
ଅପରାଧୀ: ଆମେ ମରିଯାଉଁ
ଟୁକୁରା ଟୁକୁରା ହୋଇ।
ଏକ ଉଦ୍ୟାନ କୌଣସି ସ୍ଥାନ ନୁହେଁ :
ଆମେ ପ୍ରବେଶ କରୁ
ପିଙ୍ଗଳବର୍ଣ୍ଣ ବାଲିର ଫୁଟପାଥ୍‌ରେ
ଆମେ ପାନ କରୁ ଜଳରୁ ଟୋପାଏ
ତାର କେନ୍ଦ୍ରରେ ସବୁଜ ସ୍ୱଚ୍ଛତା,
ସର୍ପିଳ ସମୟର ମଧ୍ୟ ଦେଇ
ଆମେ ଉଠୁଥାଉ
ଯେ ପର୍ଯ୍ୟନ୍ତ

ଦିନର ଆଲୋକ ଚୂଡ଼ା
ଆମେ ଓହ୍ଲାଉଥାଉ
ଯେ ପର୍ଯ୍ୟନ୍ତ
ତାର ଲିଭି ଆସୁଥିବା ଅଗ୍ନିର ସଂପୂର୍ଣ୍ଣତା।
ରାତିର ନଦୀସବୁ : ଭଙ୍ଗାର ଟାଣରେ
ଭାସିଯାଏ ଉଦ୍ୟାନ।
ଯେମିତି ଶବଦେହ, ମିକ୍ସ୍‌କୋୟାକ୍‌ର ଉଦ୍ୟାନ
ଥିଲା କ୍ଷତବିକ୍ଷତ :
ସ୍ଥାପତ୍ୟ
ପ୍ରାୟ ଭାଙ୍ଗି ପଡ଼ିଥିଲା
ମୁଁ ଥିଲି ଛୋଟ ଏକ ବାଳକ
ଆଉ ଉଦ୍ୟାନଟା ଥିଲା ମୋର ଜେଜେଙ୍କ ପରି
ଗୁରୁଣ୍ଡି ଗୁରୁଣ୍ଡି ମୁଁ ତାର ସବୁଜ ପାଦରେ ଉଠୁଥିଲି,
ଜାଣି ନଥିଲି ସିଏ ଥିଲା ମାଟିରେ ପୋତା
ଜାହାଜର ମାସ୍ତୁଲ୍
ଉଦ୍ୟାନ ଜାଣିଥିଲା:
ସେ ତାର ଧ୍ୱଂସର ପ୍ରତୀକ୍ଷାରେ ଥିଲା
ଯେମିତି ଜଣେ ଅପରାଧୀ ଥାଏ
କୁଠାରର ଅପେକ୍ଷାରେ
ଡିମିରିଗଛ ନ ଥିଲା
ଏବଂ ଦେବୀ:
ରାଗି ଯାଇଥିବା ପୋକଜୋକର
ଗୁଂଜନ
ରକ୍ତର ବୋବା ଉଦ୍ଭ୍ରାମ, ସୂର୍ଯ୍ୟ
ଆଉ ତାର ହାତୁଡ଼ି,
ସଂଖ୍ୟାହୀନ ବାହୁର ସବୁଜ ଆଲିଙ୍ଗନ
ଗଣ୍ଠି ମଧ୍ୟରେ କଟାଦାଗ
ଦରଫୁଟା ପୃଥିବୀ:
ମୋର ବିଶ୍ୱାସ ମୁଁ ମୃତ୍ୟୁକୁ ଦେଖିଛି

ଯେତେବେଳେ ମୁଁ
କୌଣସି କିଛିର ଅନ୍ୟ ମୁହଁ ଦେଖେ
ଚିରାୟତ ଆକୃତିହୀନତାର ଦୀପ୍ତି। ଶୂନ୍ୟତା:
ଆଜୁସକୋ-ର ଭୂରୁରେ
ସ୍ତବକ
ସାଦା ମିତାଳିର ସଙ୍ଗ
ଯେତେକ୍ଷଣ ନା
ବାଇଗେଣି ରଙ୍ଗର ପିଣ୍ଡ:
ଅଝୋର ବୃଷ୍ଟିର କଳା ଉଲଂଫନ
ଆବୃତ କରେ ସମତଳ ଭୂମି
ଲାଭା ସ୍ରୋତର ଉପରେ ବୃଷ୍ଟି।
ମେହିକୋ: ରକ୍ତସ୍ନାତ ଶିଳାର ଶରୀରରେ
ନାଚୁଛି ଜଳର ଧାରା।
ଆଇନାର ମାସ।
ପିମ୍ପୁଡ଼ି ବସା
ତାର ଭୂଗର୍ଭର ଭଜନ ପୂଜନ ଆରାଧନା:
ନିଷ୍ଠୁର ଆଲୋକ ମଧ୍ୟରେ ବୁଡ଼ିଯାଏ,
ମୋର ବଲ୍ମିକସ୍ତୁପ ଦେହ ପବିତ୍ର ହୁଏ,
କିନ୍ତୁ ସେଠାରେ ଛକି ରହିଥାଏ
ମୋର ଧ୍ୱଂସର ଜରାଗ୍ରସ୍ତ ଗଢ଼ଣ।
ଡେଣା
ଆଉ ପୋକଜୋକର ତୀକ୍ଷ୍ଣଗାନ
ଶୁଖିଲା ଘାସ କାଟେ।
ଆଲୋକ, ଆଲୋକ
ସମୟର ଉପାଦାନ ଆଉ ତାର
ଉଦ୍‌ଭାବନ।
ଖଣିଜ କ୍ୟାକ୍‌ଟସ୍
ପାରଦର ପ୍ରଲେପଦିଆ ଏଣ୍ଡୁଅ
ରୌଦ୍ରଦଗ୍ଧ ଇଟାର କୁଟିରେ

ପକ୍ଷୀ
ମହାଶୂନ୍ୟ ଭେଦି ଉଡ଼ି ଯାଉଛି
ତୃଷ୍ଣା, ଗତାନୁଗତିକ, ବାଲିଝଡ଼:
ପବନର ସ୍ପର୍ଶାତୀତ ଇପିଫ୍ୟାନି।
ନିଜ ପାଖରେ ନିଜକଥା କହିବା ଶିଖିଛି ମୁଁ
ପାଇନ ପାଖରୁ।
ସେ ଉଦ୍ୟାନରେ ମୁଁ ଶିଖିଛି
ବିଦାୟ କହିବା।
ତାପରେ ସେଠାରେ କୌଣସି ଉଦ୍ୟାନ ନଥିଲା । ଦିନେ
ଯେମିତି ମୁଁ ଫେରୁଛି
ନିଜ ଘରକୁ ନୁହେଁ
ଫେରୁଛି ପ୍ରାରମ୍ଭର ଦିଗକୁ,
ମୁଁ ପହଞ୍ଚିଲି ଏକ ସ୍ୱଚ୍ଛତାରେ
ମୁକ୍ତ-ଖୋଲା
ପ୍ରସ୍ତୁତ
ଆଲୋକ ଓ ଜଳର ଆବେଗରହିତ ଖେଳ ପାଇଁ।
ବିଚ୍ଛୁରଣ, ମିଳନ:
ସବୁଜର କିଚିର୍ ମିଚିର୍‌ରୁ
ଆଦ୍ର ନୀଳରେ ନିର୍ବାପିତ ନିଆଁ ମଧ୍ୟବର୍ତ୍ତି ଧୂସରତା
ଆହୁରି ଆହତ ଗୋଲାପରେ
ମାଟିତଳୁ ତୋଳା ସୁନାରେ
ସବୁଜର ସବୁଜ ହାୱାରେ।
ସେ ରାତିରେ ମୁଁ ମୁହାଁମୁହିଁ ହୁଏ ନିମଗଛର।
ଆକାଶ ତାର ସକଳ ରତ୍ନରାଜି ନେଇ
ତାର କାନ୍ଧ ଉପରେ। ଉତ୍ତାପ ଥିଲା
ଭାରୀ ଘନିଷ୍ଠ ହାତର, ତୁମେ ଶୁଣିବାକୁ ପାଉଥିଲ
ମୂଳର ଫୁସ୍‌ଫାସ୍, ଶୂନ୍ୟତାର ବିସ୍ତାର।
ବର୍ଷରୁ ଝୁର୍ ଝୁର୍ ଝରି ପଡ଼ିବା
ଧୂଳିର ମୁଖୋଶ ପିନ୍ଧି

ନୀରବତାର ଅସ୍ତ୍ରରେ ସାଜି ଆତ୍ମସମର୍ପଣ କଲାନାହିଁ
ତାର ମହାନୁଭବତା ଧୈର୍ଯ୍ୟର ମିନାର ଭଳି ଗଛ।
ତାର ନ୍ୟାୟବିଚାରର ମୁହୂର୍ତ୍ତ ଓ ଶତାବ୍ଦି ସବୁ
ଓଜନକରା ଦଣ୍ଡିପଲ୍ଲା।
କାଠ ବିଲେଇର ଘର, କଳା ପକ୍ଷୀଙ୍କର ସରାଇଖାନା।
ଆଉ ତାର ଶାଖାପ୍ରଶାଖା
ଅସଂଖ୍ୟ ଜହ୍ନର ଘର।
ବିଶ୍ୱସ୍ତତା ହେଲା
କିଛି କରିବାର ପ୍ରେରଣା:
କ୍ଷମତା, ଗ୍ରହଣ କରିବା:
କେହି ନିଜେ ନିଜେ ଶେଷ ହୋଇଯାଏନା।
ଅନ୍ୟ ଏକ ସଂପୂର୍ଣ୍ଣତା ମଧ୍ୟରେ
ପ୍ରତ୍ୟେକେ ହିଁ ଏକ ସଂପୂର୍ଣ୍ଣତା,
ଅନ୍ୟ କାହାରି ମଧ୍ୟରେ: ନକ୍ଷତ୍ରପୁଞ୍ଜ
ବିଶାଳ ନିମଗଛ ତାର କ୍ଷୁଦ୍ରତା ଜାଣେ।
ତାର ପାଦତଳେ
ମୁଁ ଜାଣିଥିଲି ମୁଁ ବଂଚି ରହିଛି,
ମୁଁ ଜାଣିଛି ମୃତ୍ୟୁ ହେଲା ଆତ୍ମ-ପ୍ରସାରଣ:
ଆତ୍ମ ଅନୁମୋଦନ ହେଲା ସଂବୃଦ୍ଧି।
ଗୁରୁଭୋଜନ ଓ ଗର୍ବ ମଧ୍ୟରେ
ଜୀବନ ପ୍ରତି ତୃଷ୍ଣା, ମୃତ୍ୟୁ ପ୍ରତି ମୋହ
ମଧ୍ୟବର୍ତ୍ତି ପଥର ପାଥେୟ।
କେବଳ ନିଜ ସଙ୍ଗରେ ନୁହେଁ
ଗଛଙ୍କର ମିତାଲି ମଧ୍ୟରେ
ମୁଁ ନିଜକୁ ମନେଇ ନେଇ ଶିଖିଥିଲି:
ସେଇ ଜିନିଷର ସଙ୍ଗେ ଯାହା ମୋତେ ଉର୍ଦ୍ଧ୍ୱକୁ ଟେକି
ଥିଲା, ଶୂନ୍ୟରେ ଧରି ରଖିଥିଲା ଆଉ ଫିଙ୍ଗି ଦେଇଥିଲା।
ତାର ଆଖି:
ଯେମିତି ଗ୍ରୀଷ୍ମ ଓ ଶରତ ସୂର୍ଯ୍ୟର ପୂର୍ଣ୍ଣତାରେ ଦ୍ୟୁତିମୟ।

ଆକ୍ରୋବ୍ୟାଟ୍, ଜ୍ୟୋର୍ତିବିଜ୍ଞାନୀ
ଓଟଚାଳକର ପ୍ରେୟସୀ।
ବତିଘର ରକ୍ଷକ ମୁଁ , ନୈୟାୟିକ ଓ ସାଧୁ।
ଆମର ଦେହ କଥା କହୁଥିଲା,
ଉପଗତ ହେଉଥିଲା, ବିଚ୍ଛିନ୍ନ
ହେଉଥିଲା। ସେମାନଙ୍କ ସହ ବିଚ୍ଛେଦ ଘଟେ ଆମର।
ସେତେବେଳେ ବୋହିଛି ମୌସୁମୀ ବାୟୁ:
ପ୍ରତିଟି ଚୌରାସ୍ତାର ସଂଯୋଗ ସ୍ଥଳରେ
ଆକାଶରୁ ଆକାଶ ଘାସରେ ଭାରି
ଆଉ ସଶସ୍ତ୍ର ହାୱା।
ଉପକଥାର କିଶୋରୀର ପଛରେ
ଝଡ଼ରେ କଂପି ଉଠୁଥିବା ଲେକ୍‌ର ନାବିକ ଝିଅଟି,
ମୁଁ ତାକୁ ଆଲେମେନ୍‌ଦ୍ରିତା ବୋଲି ଡାକିଲି।
କେବଳ ନାମ ନ ଥିଲା:
ଆକୁତୋ ଭୟ ହାଲୁକା ନୌକା।
ବୃଷ୍ଟି ପଡୁଥିଲା
ବୃଷ୍ଟିର ପୋଷାକରେ ଆବୃତ ଓ ଅନାବୃତ
ହେଉଥିଲା ମାଟି
ସାପମାନେ ଉଙ୍କି ମାରୁଥିଲେ ଗର୍ତ୍ତରୁ, ଜଳରେ
ଜହ୍ନ ଥିଲା,
ଆକାଶ ତାର ଚୂଳ ନୁଆଇଁ ଦେଇଥିଲା।
ମୁକ୍ତଧାରା ନଦୀସବୁ
ଥିଲା ତାର ଅଳକଦାମ୍,
ନଦୀ ଗିଳି ଯାଉଥିଲା ଏକ ପରେ ଏକ ଗ୍ରାମ,
ଜୀବନ ଓ ମୃତ୍ୟୁ ଆସିଥିଲା ସମତାଳରେ
କାଦୁଅ ଆଉ ସୂର୍ଯ୍ୟାଲୋକର
ମହାମାରୀ ଓ ସଂଗମର ଭୀଷଣ ଋତୁ
ଚନ୍ଦନ ଗଛ ଉପରେ ପଡ଼ିଥିବା
ବଜ୍ରର ଋତୁ,

ଛିନ୍ନଭିନ୍ନ ଉପସ୍ଥନକ୍ଷତ୍ର
ପଚନମୁଖି
ତୁମର ଯୋନିରେ
ପୁନରୁଜ୍ଜୀବିତ
କୁମାରୀ ଭାରତ, ଭାରତ ମାତା
ରସ, ଶୁକ୍ରାଣୁ ଓ
ବିଷାକ୍ତ ତରଳରେ ସିକ୍ତ।
ବର୍ଣ୍ଣମୟ କଳିକାରେ ଭରପୁର ଘର।
ଆଲମେନଦ୍ରିତା:
ଶିରୋମାଳା ଓ ହାୱାର ସ୍ରୋତ ଭିତରେ
ନିବିଡ଼ ଅଗ୍ନିଶିଖା,
କଦଳି ପତ୍ରର ରାତିରେ
ସବୁଜ ନିଆଁ,
ବନପରୀ,
ଯକ୍ଷିଣୀ
ଘନବୁଦା ଭିତରେ ହି ହି ହସ,
ଅରଣ୍ୟ ଭିତରର ଉନ୍ମୁକ୍ତ ପ୍ରାନ୍ତରରେ ସାଦା ତ୍ରିଭୂଜ,
ଦେହ ଅପେକ୍ଷା ବେଶି
ଆହୁରି ସଂଗୀତ
ସଂଗୀତ ଅପେକ୍ଷା ଆହୁରି ବେଶି ପକ୍ଷୀଙ୍କର
ଉଡ଼ାଉଡ଼ି,
ପକ୍ଷୀମାନଙ୍କ ଅପେକ୍ଷା ଆହୁରି ବେଶି ଝିଅମାନେ:
ସୂର୍ଯ୍ୟ ତୁମର ତଳିପେଟରେ।
ସୂର୍ଯ୍ୟ ଜଳେ,
ସୂର୍ଯ୍ୟର ଜଳ ମାଟିର କଳସରେ;
ମୋର ବକ୍ଷସ୍ଥଳରେ ରୋପଣ କରିଛି
ମୁଠାଏ ସୂର୍ଯ୍ୟମୁଖୀର ବୀଜ
ସିଂହ ହଳଦି
ହାଡ଼ ବଗିଚାରେ ଜଳୁଛି ଶସ୍ୟର ଏକ ଶୀଷା

ଚୁୟାଂ ସେଇ ଝଲମଲ ତାରାଭରା ଆକାଶର ପ୍ରାର୍ଥନା
ତାର ଅନ୍ତେଷ୍ଟିକ୍ରିୟା ପାଇଁ ଜଣାଏ,
ପବନର ପ୍ରାର୍ଥନା ଝାଂଜ କରତାଳ।
ନିମ ନିକଟରେ ପ୍ରାର୍ଥନା ଜଣାଏ
ସେ ଆମକୁ ବିବାହ କରୁ।
ଗୋଟିଏ ଉଦ୍ୟାନ କୌଣସି ସ୍ଥାନ ନୁହେଁ
ମଧ୍ୟବର୍ତ୍ତୀକାଳୀନ ଅବସ୍ଥା,
ଏକ ଆବେଗ:
ଆମେ ଜାଣୁନା ଆମେ କେଉଁଠିକି ଯାଉ
ବଞ୍ଚିବର୍ତ୍ତି ରହିବା ହିଁ ଯେମିତି ଅନେକ
ବଂଚି ରହିବା ହିଁ ଜୀବନ।
ମଥା ଝିମଝିମକରା ଅଚଳତା
ମହାନ ରାଜାଙ୍କ ପରି ରଙ୍ଗ ସପରାଂପରାୟ
ଉତ୍ତରାଧିକାରରେ ଆସେ
ଋତୁମାନେ
ପ୍ରତିଟି ଶୀତ
ଯେମିତି ପାଖୁଡ଼ା ଖୋଲା ବର୍ଷର ଉଚ୍ଚ ଚତ୍ୱର
ସଂଯତ ଶାନ୍ତ ଆଲୋକ
ଅନୁରଣନ ସ୍ୱଚ୍ଛତା
ପବନର ସ୍ଥାପତ୍ୟ
ମୋହାଚ୍ଛନ୍ନତାର ଅପେକ୍ଷା ଆହୁରି ଦ୍ରୁତ
ଉଚ୍ଚାରିତ ଶବ୍ଦସମୂହ
ସୌଭାଗ୍ୟବତୀ ଦ୍ୱୀପର ମାଳା !
ଘାସ ମଧ୍ୟରେ କଠିଣ ଶିଳାରେ ରୂପାନ୍ତରିତ
ମାର୍ଜାରକୁ ପୂର୍ଣ୍ଣ କରେ ବାଗ୍ମୀତାରେ
ଜ୍ୱଳନ୍ତ କୋଇଲା।
ମାଇ ମାର୍ଜାର ସେମିୟାମିସ୍
ପଶ୍ଚାତଧାବନ କରେ କାଇମିୟାରାଙ୍କୁ
ପ୍ରତିକ୍ଷାରେ ଶୋଇଥାଏ

ଛାୟା ପ୍ରତିଧ୍ୱନି ପ୍ରତିଫଳନ
ମଥା ଉପରେ:
କାକଙ୍କର କର୍କଶ ଚିତ୍କାର
ଛୋଟ କୁକୁଡ଼ାଚିଆଁ ଓ ତାର ମା'
କଥା କହିବାକୁ ଅନିଚ୍ଛୁକ ନିର୍ବାସିତ ରାଜପୁତ୍ର
ଝୋଟିଓ୍ୱାଲା ପକ୍ଷୀ ଚଂପା
ଓଠ ଓ ବେକ ଯେମିତି ସଜ୍ଜିତ ବ୍ରୋଚ୍
ଝଲମଲକରା କାକତୁଆର ସବୁଜ କମାଣ
ସ୍ଥିର ଚିଲ କଳା,
ମୁକ୍ତ ଆକାଶ
କାଳ୍ପନିକ ଜ୍ୟାମିତିର
ଗତିଶୀଳ ନକ୍ଷତ୍ରପୁଂଜ ଦିନର ଚୂଡ଼ାରେ।
ଏବେ ସ୍ଥିର
ଢେଉର ଶୀର୍ଷ ଦେଶରେ ଆଲ୍‌ବାଟ୍ରସ୍
ମୁହୂର୍ତ୍ତରେ ଅଦୃଶ୍ୟ ପୁଞ୍ଜିଭୂତ ମେଘର ଚୂଡ଼ା
ଆମେ ଡରବାନ୍‌ରୁ ବେଶି ଦୂରରେ ନାହୁଁ
(ସେଠାରେ ପେଶୋୟା ପଢ଼ାହୁଏ)।
ଗୋଟିଏ ଟ୍ୟାଙ୍କ୍ ପାରେଇ ଗଲି
ମୋମ୍ବାସା ଆଡ଼କୁ ଯାଉଥିଲା
ଫଳର ନାମ ବନ୍ଦର।
(ରକ୍ତରେ ମୋର
ଧାଡ଼ିବନ୍ଧା ଜାହାଜର ଛାୟାର ରେଖା:
କ୍ୟାମୋଏନସ ଭାସ୍କୋଡାଗାମା ଓ ଅନ୍ୟାନ୍ୟ)
ପଛରେ ପଡ଼ି ରହିଛି ଉଦ୍ୟାନ।
ପଛରେ ନା ସମ୍ମୁଖରେ ?
ଅନ୍ତରେ ଆମେ ଯେଉଁମାନଙ୍କୁ ବହନ କରିଚାଲିଛୁ
ସେମାନଙ୍କୁ ରକ୍ଷା କରିବାର କୌଣସି ଉଦ୍ୟାନ ନାହିଁ।
ଅନ୍ୟ ତୀରରେ କଣ ରହିଛି ଆମର ଅପେକ୍ଷାରେ ?
ଆବେଗ ବଦଳେଇ ନିଏ ସ୍ଥାନ:

ଏଠାରେ ଅନ୍ୟ ତୀର
ତୀରହୀନ ବତାସରେ ଆଲୋକ:
ପ୍ରଜ୍ଞା ପାରମିତା,
ଅନ୍ୟ ତୀରରେ ସୁଭଦ୍ରା ମହିଳା।
ନିଜ ମଧ୍ୟରେ ଆତ୍ମସ୍ଥ
ପୁରାଣଗାଥାର ବାଳିକା
ଉଦ୍ୟାନର ଛାତ୍ରୀ।
ମୁଁ ଭୁଲି ଯାଇଥିଲି ନାଗାର୍ଜୁନ ଓ ଧର୍ମକୀର୍ତ୍ତିର କଥା
ତମର ସ୍ତନଯୁଗଳରେ
ତମର ଆଖିର ଅଶ୍ରୁରେ
ସେମାନଙ୍କୁ ଦେଖିବାକୁ ପାଇଲି:
ମୈଥୁନ
ଅସଂଖ୍ୟ ମଧ୍ୟରେ ଏକ,
କୌଣସି କିଛି ଭିତରେ ଏସବୁ ନୁହେଁ,
ଶୂନ୍ୟରେ ସଂପୂର୍ଣ୍ଣ
ତମର ବର୍ତ୍ତୁଳ ବଙ୍କିମ ନିତମ୍ବ ଓ ଉରର ମଧ୍ୟସ୍ଥାନ ଭଳି
ଗୋଲାକାର
ଶୂନ୍ୟତା !
ପରିବର୍ତ୍ତନଶୀଳ ଛାୟା
ସ୍ରୋତସଦୃଶ ଆଲୋକ ଉପରେ
କାହାର ଜାଲ ଆଉ ମାଛ ?
ସମୁଦ୍ରର ବୁକୁରେ ଅଙ୍କିତ
ସତରଟି ଶବ୍ଦାଂଶର ପ୍ରପେଲାର
ବାଣୋର ନୁହେଁ:
ମୋ ଆଖିରେ ଭାସି ଉଠୁଛି ସୂର୍ଯ୍ୟ ଓ ପକ୍ଷୀ,
ଆଜି
ପ୍ରାୟ ଚାରିଟାରେ
ପହଞ୍ଚିଯିବି ମାଉରିତାନିୟାରେ।

ଢେଉର ଛଲ୍‌ଛଲତ୍
ଲବଣର ପ୍ରଜାପତି
ହେଉଛି ଅଦୃଶ୍ୟ ।
ଏକ ରୂପେ ରୂପାନ୍ତର ।
ଏକଇ ସମୟରେ
ଦିଲ୍ଲୀ ଓ ତାର ଲାଲ୍ ପଥର
କଳା ନଦୀ
ସାଦା ଗମ୍ବୁଜ
ଧ୍ୱଂସସ୍ତୁପରେ ବିଲୀନ ଶତାବ୍ଦୀସବୁ
ରୂପାନ୍ତରିତ ହେଉଛି:
ଭାରଶୂନ୍ୟ ସ୍ଥାପତ୍ୟ
କିଲ୍ଲା ମୀନାର
ମନେ ହେବ ମଗଜର
ମଥା ଝିମ୍‌ଝିମ୍‌କରା ଆଇନା ଉପରେ
ଗୋଲାକୃତି ସ୍ୱଚ୍ଛତା ।
ଉଦ୍ୟାନ
ତାର ନିଜର ଅତଳ ଗହ୍ୱରରେ ଝାଂପି ପଡ଼େ
ଅଭିନ୍ନ
ଅଥବା ପଦାର୍ଥ ।
ନାମହୀନ ଚିହ୍ନ ସବୁ ହଜିଯାଏ ଚାହିଁ ରହେ
ଦିକ୍‌ଚକ୍ରବାଳର ସ୍ୱଚ୍ଛତା ଆଡ଼କୁ ।

(Fable of Two Gardens)

୨୩ ରୁ ୨୮ ନଭେମ୍ବର ୧୯୬୮ ମୁମ୍ବାଇରୁ
ଲାପାମାସେଇ ପଥରେ, ଭିକ୍ଟୋରିୟା ଜାହାଜରେ ।

BLACK EAGLE BOOKS

www.blackeaglebooks.org
info@blackeaglebooks.org

Black Eagle Books, an independent publisher, was founded as a nonprofit organization in April, 2019. It is our mission to connect and engage the Indian diaspora and the world at large with the best of works of world literature published on a collaborative platform, with special emphasis on foregrounding Contemporary Classics and New Writing.

www.ingramcontent.com/pod-product-compliance
Lightning Source LLC
Chambersburg PA
CBHW060611080526
44585CB00013B/776
* 9 7 8 1 6 4 5 6 0 2 4 0 8 *